UDO BERG

PATIENTENRATGEBER
Mastzellaktivierungssyndrom

DIAGNOSTIK, THERAPIE, ALLTAGSBEWÄLTIGUNG

novum pro

Dieses Buch ist auch als
e-book
erhältlich.

© 2025 novum publishing gmbh
Rathausgasse 73, A-7311 Neckenmarkt
office@novumverlag.com

ISBN 978-3-7116-0160-5
Lektorat: DLS
Umschlagabbildung:
Lonely11 I Dreamstime.com
Umschlaggestaltung, Layout & Satz:
novum Verlag
Innenabbildungen:
S. 17, 20, 22, 23, 32, 37: © Enzo Forciniti,
S. 35, 44, 61, 67, 75, 82: © Udo Berg,
restliche Abbildungen: iStock.com
Autorenfoto: Laurenz Bostedt

Die vom Autor zur Verfügung gestellten
Abbildungen wurden in der bestmöglichen
Qualität gedruckt.

www.novumverlag.com

Bibliografische Information
der Deutschen Nationalbibliothek:

Die Deutsche Nationalbibliothek
verzeichnet diese Publikation in
der Deutschen Nationalbibliografie.
Detaillierte bibliografische Daten
sind im Internet über
http://www.d-nb.de abrufbar.

Druckprodukt mit finanziellem
Klimabeitrag
ClimatePartner.com/16547-2311-1001

Liebe Leserinnen und Leser,

Heilung von Krankheiten bedeutet vor allem Selbstheilung.
Es ist nicht der Therapeut, der heilt. Es sind die enormen Selbstheilungskräfte der Natur und unseres Körpers, die Heilung ermöglichen.

Als Ärzte, Heilpraktiker und Psychotherapeuten können wir nur die Voraussetzungen für eine gelungene Selbstheilung schaffen – indem wir Barrieren und Störungen beseitigen, optimale körperliche und psychische Bedingungen schaffen und den Glauben an die Selbstheilungskräfte aktivieren.

Grundlage für eine solche Medizin ist nicht nur ein ganzheitlich-therapeutischer Ansatz, sondern vielmehr das Verständnis der Patienten als Partner.

Basis dafür wiederum ist eine umfassende Information des Patienten, damit dieser die Ursachen der Beschwerden und die Erkrankung verstehen und selbst die Voraussetzungen für eine Heilung schaffen kann.

Um auf Augenhöhe mit dem Patienten zu kommunizieren, braucht es den informierten Patienten.

Je mehr das ganzheitliche Denken aus unserer Medizin verschwindet, umso wichtiger ist es, dass Sie als Patient das Ruder in die eigene Hand nehmen.

Dies gilt insbesondere, wenn es sich um komplexe und wenig bekannte Krankheitsbilder handelt.

Dieses Buch soll den Versuch machen, Sie umfassend zu der Erkrankung des Mastzellaktivierungssyndroms (MCAS) zu informieren, und Ihnen die Möglichkeit geben, auf Augenhöhe mit Ihren Therapeuten Ihre Heilung auf den Weg zu bringen.

Ich wünsche Ihnen viel Erfolg auf diesem Weg und Freude beim Lesen.

„Wir können den Wind nicht ändern,
aber wir können die Segel richtig setzen."
(Aristoteles)

Haftungsausschluss

Diese Broschüre soll Ihnen helfen, mit Ihren Therapeuten auf Augenhöhe zu kommunizieren und mit diesen Ihre Diagnostik und Therapie abzustimmen.

Diese Broschüre ist nicht als Ersatz für eine individuelle Behandlung bei ausgebildeten Ärzten oder Heilpraktikern bestimmt. Die vorgestellten Therapien sollten nur nach Rücksprache mit diesen durchgeführt werden.

Als Autor übernehme ich keine Haftung für mögliche Verschlechterungen Ihres Gesundheitszustandes oder für sonstige Personen-, Sach- oder Vermögensschäden.

Korrespondenzadresse:

eumunys | Praxis für komplementäre Medizin und Naturheilkunde
Alte Jakobstraße 93
10179 Berlin
www.eumunys.com
praxis@eumunys.com

Herausgeber
Udo Berg – Heilpraktiker

1. Ausgabe; Berlin, März 2025

Inhaltsverzeichnis

1. Einführung

Das Mastzellaktivierungssyndrom (MCAS) ist eine äußerst komplexe, chronische Erkrankung, die sich in allen Organsystemen im Körper manifestiert und sehr vielfältige und unterschiedliche Beschwerden hervorrufen kann. Aus diesem Grund werden die Patienten häufig erst sehr spät (wenn überhaupt) richtig diagnostiziert und adäquat behandelt.

Die Diagnostik des MCAS ist meist schwierig, da die Laborparameter im Tagesverlauf und im Laufe des Krankheitsgeschehens oft massiv schwanken, sehr empfindlich sind und bei jedem Patienten unterschiedliche Ausprägungen zeigen. Einheitlich, allgemein anerkannte Diagnosekriterien, an denen sich Therapeuten orientieren können, gibt es nicht.

Deshalb erleben Betroffene in der Schulmedizin nicht selten Verständnislosigkeit, Ablehnung und Bagatellisierung ihrer Beschwerden. Patienten werden oft als psychisch krank abgestempelt und eine notwendige und adäquate Behandlung verweigert.

Für Betroffene ist es an dieser Stelle der erste und ein sehr wichtiger Schritt, einen betreuenden Arzt zu finden, der die Beschwerden ernst nimmt und bereit ist, mit ihnen gemeinsam sinnvolle Therapien und Lösungen zu suchen. Das ist sicherlich nicht sehr einfach, aber dennoch unabdingbar.

Im zweiten Schritt ist der Aufbau eines Netzwerkes aus verschiedenen Therapeuten sinnvoll, da bei einem MCAS verschiedene Disziplinen zusammenarbeiten müssen, um Sie angemessen therapieren zu können. Ihr Heilpraktiker kann an dieser Stelle möglicherweise ein guter Vermittler sein, um Sie bei der Suche zu unterstützen, aber auch erste diagnostische und therapeutische Schritte einzuleiten.

Das Mastzellaktivierungssyndrom ist eine ernst zu nehmende Erkrankung mit, je nach Krankheitsausprägung, deutlichen Einschränkungen in der Lebensqualität und Lebensführung der meisten Betroffenen. Mit einer guten therapeutischen Begleitung, und verschiedenen Anpassungen im Lebensstil, lassen sich viele Beschwerden deutlich verbessern und es lässt sich eine gute Lebensqualität erreichen.

Im Folgenden möchte ich Ihnen sinnvolle therapeutische Strategien vorstellen, Änderungen in der Lebensführung vorschlagen und weiterführende Literatur bzw. sinnvolle Adressen mit an die Hand geben.

2. Das Mastzellaktivierungssyndrom (MCAS)

Mastzellen sind Teil unseres Immunsystems und in fast allen Geweben unseres Körpers zu finden. Unter anderem spielen sie eine wichtige Rolle bei der Abwehr von Parasiten in unserem Körper und sind bekannt für die typischen Symptome, die auch bei einer Allergie auftreten.

Darüber hinaus haben Mastzellen viele weitere Funktionen in unserem Körper, sind an allen immunologischen Prozessen beteiligt, und stehen häufig an erster Stelle in der Immunabwehr. Ohne Mastzellen wäre menschliches Leben nicht denkbar.

Eine gesunde Mastzelle wird nur dann aktiviert, wenn sie aufgrund eines immunologischen Reizes stimuliert wird und dann spezifische Aufgaben der Immunabwehr übernimmt.

Eine kranke Mastzelle kann sich selbst aktivieren oder wird bei schon kleinsten Reizen übermäßig aktiviert. Oft vermehren sich diese gestörten Mastzellen auch noch unverhältnismäßig, sodass auch die Anzahl der Mastzellen im Körper steigt.

Mastzellen enthalten sehr viele Mediatoren bzw. Botenstoffe (Histamin, Prostaglandin, Serotonin, Dopamin, Heparin, Leukotriene, Tryptase, Serotonin, Zytokine, TNF-alpha und viele, viele mehr), die auf bestimmte Signale des Körpers freigesetzt werden und wichtige immunologische Funktionen im Körper wahrnehmen.

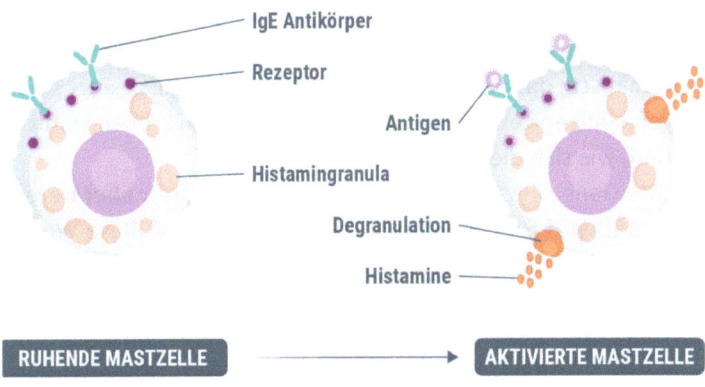

Diese Mediatoren finden Sie später auch in der Diagnostik wieder und geben einen Hinweis auf die Aktivität der Mastzellen.

Bei einer Allergie werden aufgrund des Kontaktes mit einem Allergen die Mastzellen aktiviert und Histamin ausgeschüttet (Abbildung oben).

Bei einem MCAS dagegen werden diese Mediatoren ausgeschüttet, obwohl es keinen Kontakt mit einem Antigen (Allergieauslöser) gibt. Die Mastzellen reagieren bei einem MCAS sehr empfindlich auf viele, normalerweise harmlose Reize (Geräusche, Gerüche, leichter Stress, Nahrungsmittel etc.) und schütten unkontrolliert ihre Mediatoren aus. Diese Reize bezeichnen wir auch als Trigger. Sie spielen in der Therapie und Prävention eine wichtige Rolle.

Der bekannteste, und für die Beschwerden bei einem MCAS wichtigste Mediator, ist das Histamin.

Oft werden Sie auch den Begriff des systemischen Mastzellaktivierungssyndroms hören oder lesen. Systemisch bedeutet, dass die Mediatoren, die an einer Stelle des Körpers freigesetzt werden, sich über das Blut oder die Lymphbahnen im ganzen Körper verteilen und in allen Körpergeweben und Organen Symptome hervorrufen können.

Zu einem MCAS kommt es durch Veränderungen in der genetischen Information, also in unserem Erbgut. Diese genetischen Veränderungen werden häufig nicht wie bei einer Erbkrankheit von den Eltern auf das Kind übertragen, sondern entstehen durch spontane Mutationen des Erbgutes im Laufe des Lebens, häufig bereits am Beginn des Lebens.

Wenn eine Erkrankung genetisch bedingt ist, heißt das nicht automatisch, dass wir dieser Erkrankung hilflos ausgesetzt sind. Sogenannte epigenetische Faktoren haben einen großen Einfluss darauf, wie sich die Gene „ausdrücken".

Die Gene selbst werden dabei nicht verändert, aber deren Aktivität wird zum Teil erheblich beeinflusst. Auf diese Weise können einzelne Gene sogar komplett ausgeschaltet werden. Man spricht hier in der Fachsprache von Genexpression. Wenig vorteilhafte Gene können so in ihrer Genexpression gehemmt werden. Damit wird der Krankheitsverlauf positiv beeinflusst.

Zu den epigenetischen Faktoren zählen insbesondere der Lebensstil, die Ernährung und Umweltbedingungen.

1. Histamin

Histamin ist ein Gewebshormon und Neurotransmitter mit verschiedenen Funktionen:

- Schlaf-Wach-Rhythmus
- Regulation der Durchblutung (Weitstellung der Gefäße)
- Abwehrfunktion (Entzündungsreaktion)
- Regulation der Magensäureproduktion und Motilität des Darmes

Zum besseren Verständnis ist es wichtig, die drei Orte, in denen Histamin vorwiegend produziert wird, zu unterscheiden:

- In Mastzellen in den Geweben, die meist in der Nähe von Blutgefäßen und Nervenzellen liegen
- In Nervenzellen und Mastzellen des Hypothalamus im Gehirn
- In der Nahrung, die wir aufnehmen

Diese Unterscheidung ist, wie Sie später sehen werden, für die Diagnostik, Therapie und die Ernährungsempfehlungen sehr wichtig.

Bei einem vermehrten Anfall von Histamin kann es zu Blutdruckabfall mit Schwindel und Schwäche bis zur Ohnmacht, zu Herzklopfen oder Herzrhythmusstörungen, asthmaähnlichen Atemstörungen bzw. Atemnot, Kopfschmerzen, Schwellungen und Rötungen der Haut, Juckreiz und Hitzewallungen u. v. m. kommen.

Der Abbau von Histamin im Körper erfolgt über die Enzyme Diaminoxidase (DAO) und Histamin-N-Methyl-Transferase (HNMT).

Für die Funktion der DAO wiederum sind als Kofaktoren das Vitamin B6, Zink und Kupfer und für die HNMT sind SAMe, Vitamin B6, B12, Folsäure, Magnesium, Mangan essenziell und Teil der Diagnostik.

Diese beiden Enzyme (DAO und HNMT) und deren Funktion sind entscheidend für das Verständnis Ihrer Erkrankung.

Liegt ein **Mangel dieser Enzyme** vor, handelt es sich i. d. R. um eine Histamin-Abbaustörung und damit um eine sogenannte **Histaminintoleranz.**

Sind die **Enzyme im Normbereich,** und produziert der Körper selbst zu viel Histamin, handelt es sich um ein **Mastzellaktivierungssyndrom (MCAS)** oder eine Mastozytose. Denkbar ist auch eine Kombination beider.

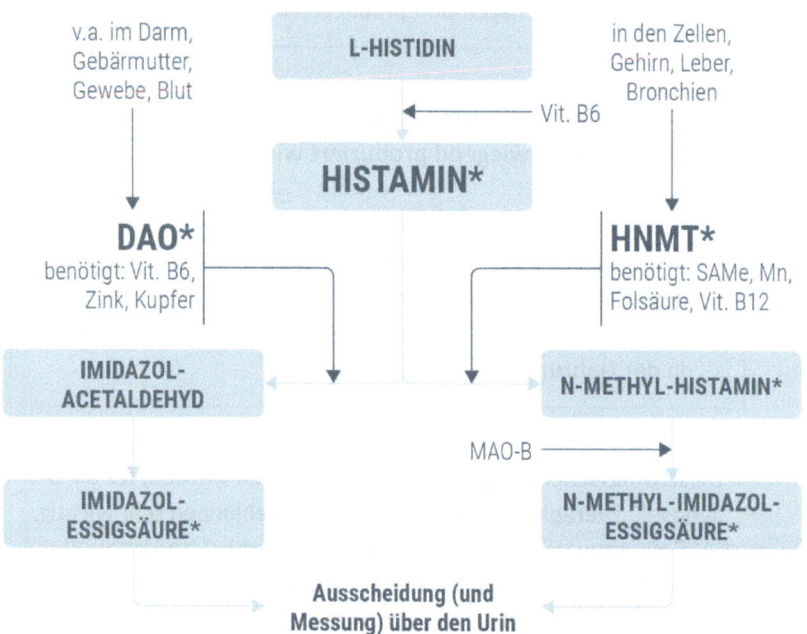

* Diagnostische Laborparameter

In den Geweben unseres Körpers finden sich vier bisher bekannte Rezeptoren für Histamin. Je nachdem, welche Wirkung das Histamin an einem bestimmten Rezeptor hervorruft, ergeben sich unterschiedliche Symptome.

Der **H1-Rezeptor** ist z. B. für die typischen Symptome Rhinitis (Fließschnupfen), Schwellungen, Juckreiz, Herzklopfen und Durchfall zuständig, während der **H2-Rezeptor** eher für Störungen im Verdauungstrakt (z. B. Sodbrennen) und für Veränderungen im Immunsystem verantwortlich ist. Den **H3-Rezeptor** finden wir vorwiegend im zentralen Nervensystem und den **H4-Rezeptor** ebenfalls im Immunsystem.

Für den H1- und H2-Rezeptor gibt es die klassischen Antihistaminika, die auch bei Allergien eingesetzt werden. Eine Kombination aus beiden wird typischerweise bei einem MCAS verordnet.

2. Symptome beim MCAS

Die Liste an möglichen Symptomen ist unendlich lang, und durch eine Kombination ganz unterschiedlicher Symptome bei den Betroffenen entstehen häufig sehr verwirrende Krankheitsbilder.

Einer der wichtigsten Experten auf dem Gebiet des MCAS, Dr. Lawrence B. Afrin, hat dies wie folgt formuliert: „Es ist kaum möglich, sich eine komplexere Erkrankung vorzustellen als die des Mastzellaktivierungssyndroms".

Viele seiner Erfahrungen und therapeutischen Ansätze, aber auch die Expertise anderer Experten und meine eigenen Erfahrungen spiegeln sich in diesem Ratgeber wider.

Hier eine (sicher nicht vollständige) Übersicht möglicher Symptome, die durch eine Erhöhung des Histamins im Blut auftreten können:

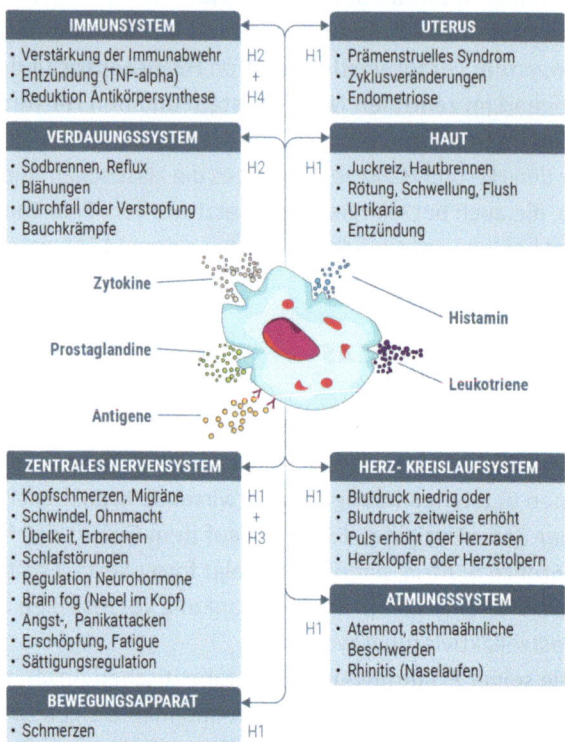

Auch die anderen Mediatoren der Mastzellen können weitere Symptome hervorrufen und das Beschwerdebild komplexer machen. Eine Aufzählung würde den Rahmen hier überschreiten und ist in der Fachliteratur nachzulesen.

3. Trigger der Mastzellaktivierung

Bei einem MCAS existieren viele verschiedene Trigger, die häufig in Schüben die Degranulation (Ausschüttung der Mediatoren) der Mastzellen bewirken und dann die Beschwerden verursachen. In der Therapie spielt die Vermeidung dieser Trigger eine zentrale Rolle.

Da die Trigger bei jedem Patienten unterschiedliche sein können, lohnt es sich oft, diese gezielt herauszufinden und dafür zu Beginn ein Tagebuch zu führen.

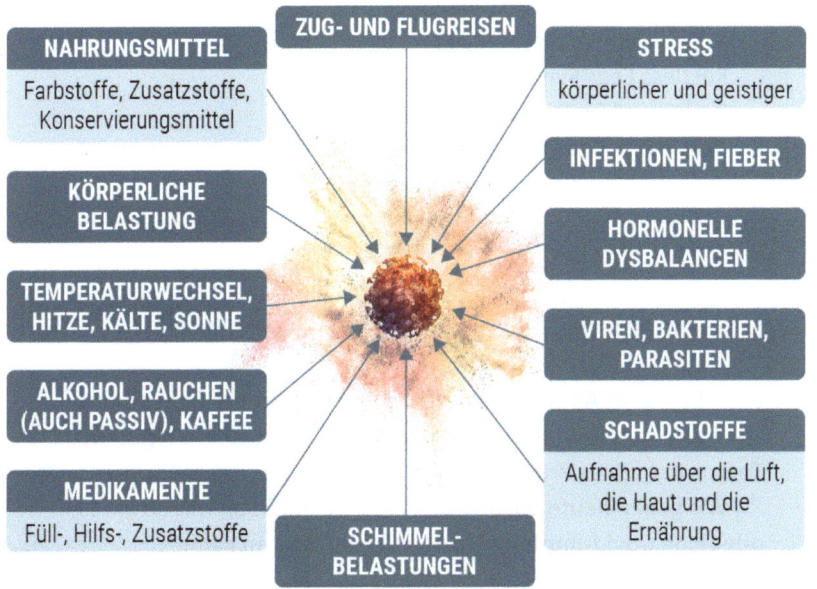

4. MCAS – assoziierte Erkrankungen

Es gibt eine Reihe Erkrankungen, die mit dem Mastzellaktivierungssyndrom (MCAS) in Verbindung gebracht werden und bei denen es sich lohnt, auf eine Histaminproblematik zu untersuchen. Die Liste von Dr. Lawrence B. Afrin umfasst mehr als 100 dieser Erkrankungen.

Hier sollen nur die wichtigsten aufgeführt werden:

- Long-Covid/Post-Vac
- Fibromyalgie
- Hashimoto-Thyreoiditis
- KPU/HPU
- Migräne
- Bluthochdruck
- Reizdarm/SIBO
- Endometriose
- verschiedene Bluterkrankungen
- Angst- und Panikstörungen
- Restless Legs Syndrom
- Reflux und Sodbrennen
- Ehlers-Danlos-Syndrom (instabile HWS)/Bandscheibenvorfall
- verschiedene Schmerzerkrankungen

MCAS im Rahmen einer Long-Covid-Erkrankung

Das Thema MCAS ist insbesondere im Rahmen der Behandlung von Patienten mit Long Covid bzw. Post-Vac zu einem täglichen Thema in meiner Praxis geworden.

Wir gehen heute davon aus, dass eine Infektion mit Covid-19 oder eine Covid-Impfung ein MCAS hervorrufen kann.

Oft taucht das MCAS auch als einziger Symptomkomplex nach einer Infektion mit Covid-19 auf und kann deshalb kaum richtig zugeordnet werden. Wenn Sie seit einer solchen Infektion unter entsprechenden Symptomen leiden, macht es Sinn, in diese Richtung mit Ihrem Therapeuten zu denken.

Ähnlich häufig sehen wir Patienten nach einer Infektion mit Covid-19 an dem sogenannten posturalen Tachykardiesyndrom, (POTS) leiden.

Ein ungewöhnlich hoher Blutdruck, häufig nur als zeitlich begrenzte Blutdruckspitzen, massives Herzklopfen, Angst- und Panikattacken, Störungen der Mikrozirkulation oder neurologische Störungen (Konzentrationsstörungen, brain fog, Derealisationen, Erschöpfung) sind als Teil eines Long-Covid-Syndroms möglicherweise mit einem MCAS assoziiert oder durch diese ausgelöst.

Auch scheint es einen Zusammenhang zwischen diesen Beschwerden und einer Leberentgiftung zu geben. Ich messe bei allen Patientinnen die Funktion der Leberentgiftung und sehe einen deutlichen Zusammenhang zwischen dem Vorhandensein einer eingeschränkten Entgiftungsleistung, der Ausbildung eines MCAS und Long-Covid.

Eine eingeschränkte Entgiftungsleistung geht mit einer hohen Belastung an Schwermetallen und Schadstoffen im Körper, hohem oxidativem Stress und neurologischen Störungen („Der Schmerz der Leber ist die Müdigkeit") einher.

Insofern ist bei jeder Behandlung von Long-Covid oder Post-Vac auch an die Behandlung eines MCAS zu denken.

Störungen der Mikrozirkulation

Für die Behandlung der Störungen der Mikrozirkulation, d. h., des Verschlusses der kleinsten Gefäße in der Peripherie unseres Körpers (Kapillarnetz), hat sich die Magnesium-Sauerstoff-Therapie nach Professor Elfriede Leninger-Follert als sehr hilfreich erwiesen.

Prof. Elfriede Leniger-Follert war Leiterin einer Forschungsgruppe am Max-Planck-Institut am Institut für Systemphysiologie, die sich mit der Sauerstoffversorgung des Gehirns beschäftigte.

Ihre damalige Entdeckung war, dass Magnesium dazu beitragen kann, verengte Mikrogefäße wieder zu weiten und die Sauerstoffversorgung zu normalisieren.

Daraufhin entwickelte sie bereits in den 80-er Jahren eine Therapie, mit der durch intravenös appliziertes Magnesium die Verengung der Gefäße aufgehoben und die Mikrozirkulation normalisiert werden kann. Kombiniert wird dies mit einer anschließenden Therapie mit hoch konzentriertem Sauerstoff als nasale Applikation.

Die Verminderung der Mikrozirkulation reduziert die Sauerstoffversorgung des Gehirns, der Netzhaut, des Innenohrs, der Lunge, der Leber, der Nieren und der Füße und ist auch für viele Symptome des Long-Covid-Syndroms ursächlich.

Seit 40 Jahren setzt Professor Leninger-Follert diese Therapie erfolgreich ein und hat diese auch auf die Therapie bei Long-Covid übertragen. Im Rahmen einer Hospitation durfte ich diese Therapie bei ihr persönlich kennenlernen und wende sie heute täglich in meiner Praxis an.

3. Der Weg zur richtigen Diagnose

1. Therapeutensuche

Der Weg zur richtigen Diagnose und später dann zu einer hilfreichen Therapie führt über Ihren Arzt, optimalerweise im ersten Schritt über Ihren Hausarzt.

Nur ein Arzt kann Ihnen eine offizielle Diagnose stellen, was wichtig sein kann, wenn es um die Verschreibung rezeptpflichtiger Arzneimittel geht, um Krankschreibungen oder Überweisungen zu anderen Spezialisten.

Es ist wichtig, einen Arzt Ihres Vertrauens zu finden, der Sie mit Ihren Beschwerden gut begleitet und unterstützt.

Das ist leider nicht einfach, da das Mastzellaktivierungssyndrom (MCAS) bislang nicht von der Weltgesundheitsorganisation (WHO) als Krankheit anerkannt wurde und damit auch bei den Ärzten diese Erkrankung wenig bekannt ist. Zum anderen ist die Symptomatik häufig ausgesprochen verwirrend, sodass es auch für den Therapeuten nicht einfach ist, die richtige Diagnose zu stellen.

Häufig werden Patienten als psychisch krank oder instabil abgestempelt. Wichtig für Ihr eigenes Verständnis ist die Tatsache, dass der Leidensweg mit einem MCAS natürlich auch Spuren in der Psyche hinterlässt. Eine derartige Belastung geht wohl an niemandem spurlos vorbei.

Darüber hinaus kann das MCAS selbst psychische Symptome (Angst- und Panikattacken, Schlafstörungen, Konzentrationsstörungen) auslösen.

Lassen Sie sich aber bitte nicht einreden, Sie seien psychisch krank. Die Erkrankung hat körperliche Ursachen und diese müssen von Spezialisten erkannt und therapiert werden.

Suchen Sie sich einen neuen Arzt, wenn Sie keine angemessene Unterstützung bekommen.

Eine Liste von Spezialisten in Bezug auf Histaminosen und MCAS finden Sie im Anhang (7.5.).

Die Begleitung durch einen Heilpraktiker kann ebenfalls sehr sinnvoll sein, insofern eine entsprechende Expertise vorliegt. Auch diese finden Sie in der Liste im Anhang (7.5.).

2. Differenzialdiagnostik

Nicht jede Erhöhung des Histaminspiegels und der damit verbundenen Beschwerden bedeutet ein Mastzellaktivierungssyndrom (MCAS). Auch bei der Allergie kommt es zu einer vermehrten Ausschüttung von Histamin mit den typischen Symptomen der tränenden und juckenden Augen, Niesen, laufender Nase etc. Und so gibt es weitere Erkrankungen, die mit ähnlichen Symptomen einhergehen, aber kein MCAS darstellen.

Eine sehr präzise Diagnostik ist deshalb sehr wichtig, da die Therapie je nach Ursache der Erhöhung des Histamins eine andere sein kann. Solange die Ursache nicht bekannt ist, sprechen wir allgemein von einer Histaminose.

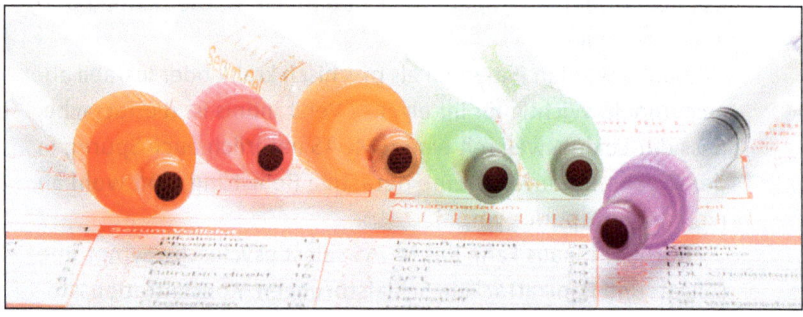

Die folgenden drei Fragen stehen am Anfang einer jeden Diagnostik und sind für das Verständnis der Beschwerden entscheidend:

Ist die Störung im Blut oder im Stuhl nachzuweisen?

Histaminerhöhungen können sowohl im Blut als auch im Darm (Nachweis im Stuhl) oder auch in beiden vorkommen. Auch wenn es zwischen beiden Zusammenhänge gibt, ist eine diagnostische Trennung sehr wichtig, da auch die Therapie je nach Lokalität eine andere sein kann. Das Gleiche gilt für das histaminabbauende Enzym DAO, das man im Blut und im Stuhl nachweisen kann. Des Weiteren kann man im Stuhl histaminbildende Kulturen nachweisen, die eine weitere Ursache für erhöhte Histaminspiegel im Darm darstellen.

Handelt es sich um eine Abbaustörung von Histamin oder um eine Überproduktion des Histamins?

Durch die Messung der Diaminoxidase (DAO) im Blut und die Kontrolle des Abbaus des Histamins im Urin (DAO baut Histamin zu Imidazolessigsäure und HNMT baut Histamin zu N-Methylhistamin ab), kann man eine Abbaustörung des Histamins auf Grund mangelnder Enzyme DAO und HNMT nachweisen oder ausschließen. Eine mangelnde Produktion von DAO oder HNMT kann auch durch einen Gentest nachgewiesen werden.

Liegt eine Histaminabbaustörung durch eines oder beide Enzyme vor, sollten die Kofaktoren kontrolliert und bei Bedarf ergänzt werden und im Anschluss an die Therapie die Messung der Enzyme einschließlich ihrer Kofaktoren wiederholt werden.

Ebenfalls sollte der Histaminabbau im Darm durch eine Stuhlprobe abgeklärt werden. Man kann hier direkt die DAO messen oder aber die Histaminabbaukapazität. Beide Werte liefern vergleichbare Ergebnisse.

Handelt es sich um eine Histaminabbaustörung im Blut oder im Darm sprechen wir von einer Histaminintoleranz (HIT) oder einer Histaminunverträglichkeit.

Damit ist ein MCAS nicht ausgeschlossen, aber eher unwahrscheinlich.

Bei einer Überproduktion – handelt es sich um eine Überaktivität der Mastzellen oder eine krankhafte Vermehrung der Mastzellen in Geweben?

Die krankhafte Vermehrung von Mastzellen wird Mastozytose genannt und kann auf die Haut beschränkt sein oder auch systemisch (im ganzen Körper) auftreten. Dies wird über eine Biopsie der Haut bzw. der betroffenen Organe festgestellt. Im Falle einer Beteiligung des Verdauungstraktes wird eine Koloskopie inkl. einer Entnahme von Stufenbiopsien in dafür spezialisierten gastroenterologischen Zentren durchgeführt (siehe Anhang 7.4.).

Ist eine Mastozytose unwahrscheinlich oder ausgeschlossen, und liegt keine Abbaustörung des Histamins vor, erhärtet sich der Verdacht eines Mastzellaktivierungssyndroms (MCAS) und es muss eine weitere labordiagnostische Abklärung erfolgen.

Hier spielen Laborparameter wie Tryptase im Serum, Chromogranin A, Prostaglandin etc. sowie Leukotriene im Urin eine wichtige Rolle.

3. Labordiagnostik

Wichtig für das Verständnis der Diagnostik ist, dass normale Laborparameter zu einem bestimmten Zeitpunkt ein MCAS nicht grundsätzlich ausschließen.

Die Werte variieren von Patient zu Patient erheblich, sind häufig nur in akuten Situationen als Erhöhung nachweisbar und im Blut sehr instabil, sodass zum Zeitpunkt der Messung ein Nachweis nicht mehr möglich sein kann.

Bei Vorliegen des Verdachts auf MCAS sind wiederholte Messungen, Messungen direkt während eines Schubes oder, wenn möglich, die Blutentnahme direkt im Labor sinnvoll.

In der Schulmedizin wird häufig der Erhöhung der Tryptase ein hoher Stellenwert für die Diagnose eines MCAS beigemessen. Nicht selten ist dies sogar das einzige Kriterium und ein MCAS wird verneint, wenn der Tryptase-Wert im Normbereich liegt.

Dies beruht zumeist auf einem überholten Krankheitsverständnis bzw. Diagnosekriterien, die nicht dem Stand unserer Erkenntnisse entsprechen. Die Mastzellaktivierung wird hier noch oft den seltenen Erkrankungen zugeordnet, was in keiner Weise der Realität entspricht.

Wichtig für Sie ist zu verstehen: Der Nachweis einer Tryptase im Normbereich schließt ein MCAS in keiner Weise aus! Tryptase ist typischerweise bei einer Mastozytose erhöht, die allerdings klar von einem systemischen Mastzellzellaktivierungssyndrom abgegrenzt werden muss.

Ich persönlich habe noch keinen einzigen Patienten mit MCAS gesehen, bei dem sich eine Erhöhung der Tryptase, in z. T. wiederholten Laboruntersuchungen, gezeigt hat.

Wenn Sie bei sich die typischen Beschwerden eines MCAS beobachten und gleichzeitig eine Erhöhung einer der Labormarker wie Histamin, Leukotriene, Tryptase, Chromogranin A, Prostaglandin bzw. der Histaminabbauprodukte im Urin vorfinden, oder aber eine Besserung der Beschwerden bei der Einnahme von H1- bzw. H2 Antihistaminika eintritt, sollten Sie von einer systemischen Mastzellaktivierung ausgehen.

L	**Thiol-Status i.S. (Photom.)** Geringe extrazelluläre Verfügbarkeit freier Thiolgruppen. Dies vermindert die Kapazität, freie Radikale zu neutralisieren sowie toxische Metalle zu binden und entgiften. Zu den endogenen Thiolen zählen u.a. Glutathion, Cystein, Albumin und alpha-Liponsäure.	421 µmol/l	> 464
L	**Diaminooxidase-Aktivität i.S. (REA)**	5.9 IU/ml	14 - 33
H	**Histamin (gesamt) i. Hep.-Bl.(ELISA)** Nachweis einer moderaten Mastzell-assoziierten systemischen Entzündung. Das erhöhte Histamin bei gleichzeitig verminderter Aktivität des Histamin-abbauenden Enzyms Diaminooxidase (DAO) spricht für eine bestehende Histaminintoleranz. Eine Histamin-arme Diät ist zu empfehlen. Zur Differenzierung zwischen einem primären (genetisch bedingten) DAO-Mangel und einer reversiblen sekundären Form (z. B. durch gestörte DAO-Aktivität durch Enzym- blockierende Medikamente, Kupfermangel oder temporär verminderte Bildung im Darm) empfehlen wir die Unter- suchung der DAO-Genetik (2 ml EDTA-Blut).	73.9 ng/ml	< 65.5
	Tryptase i.S. (FEIA)	8.0 µg/l	< 11.4
	Leukotriene i.U. (ELISA)	331.0 pg/ml	
H	**Leukotriene i.U.**	625.0 pg/mg Krea	< 385
L	**Vitamin B1 bioaktiv i. EDTA-Blut**	32.4 µg/l	> 39.8
	Vitamin B2 bioaktiv i.S. EDTA-Blut	292 µg/l	> 85.4
L	**Vitamin B6 bioaktiv i.S. EDTA-Blut**	5.58 µg/l	> 10.1
L	**Vitamin B3 (Nicotinamid) bioaktiv**	13.9 µg/l	> 17.0
	ALLERGIEDIAGNOSTIK		
	IgE i.S. (3rd WHO) (FEIA)	39.2 kU/l	< 85.0

Laborbefund IMD Berlin

Für die Differenzialdiagnostik ist selbstverständlich auch der Ausschluss einer Allergie (u. a. Gesamt-IgE im Serum) wichtig, weil diese ebenfalls zu erhöhten Histamin- und Leukotrienspiegeln führen kann.

Da auch hier normale Werte von Gesamt-IgE im Serum nicht immer eine Allergie ausschließen, kann es durchaus sinnvoll sein, spezifische IgEs zu testen, um nicht mögliche allergische Reaktionen zu übersehen.

In meiner Praxis habe ich folgende Stufendiagnostik
etabliert:

Bei einem ersten Anfangsverdacht auf eine Histaminose:
- Histamin und DAO im Blut
- DAO- und HNMT-Kofaktoren im Blut
- Gesamt-IgE
- Histamin, DAO und histaminbildende Kulturen im Stuhl

**Wenn sich der Verdacht auf eine Histaminose bestätigt, erfolgt
die weitere Diagnostik wie folgt:**
- Tryptase im Blut
- Chromogranin A
- Leukotriene im Urin
- Imidazolessigsäure und Methylhistamin im Urin

**Bei einem Mangel an DAO im Blut oder einer Histaminabbau-
störung im Urin durch HNMT kann eine genetische Testung
sinnvoll sein:**
- DAO genetisch
- HNMT genetisch

Je nach individueller Situation können folgende Untersuchungen als „Trigger-Diagnostik" bzw. im Sinne der MCAS-assoziierten Erkrankungen hinzukommen:

- Eisenstoffwechsel
- Schilddrüsenfunktion
- Leberfunktion und toxische Metallbelastung
- HPU/KPU
- Stressdiagnostik
- MAO-A + B genetisch
- ALEX (spezifische IgE)

Wichtig für die Blutentnahme und die Interpretation der Ergebnisse ist die Tatsache, dass viele der Laborwerte für die MCAS-Diagnostik ausgesprochen empfindlich reagieren und bereits auf dem Transportweg ins Labor abgebaut werden.

Aus diesem Grund müssen die Blutproben sehr schnell und gekühlt in das Labor versandt werden, oder die Entnahme optimalerweise direkt im Labor erfolgen.

Da die o. g. Laborparameter nicht immer über den ganzen Tag konstant erhöht sein müssen, können die Messwerte manchmal auch unauffällig sein, obwohl eine Störung vorliegt. Hier kann es hilfreich sein, bestimmte Werte zu verschiedenen Zeitpunkten zu wiederholen.

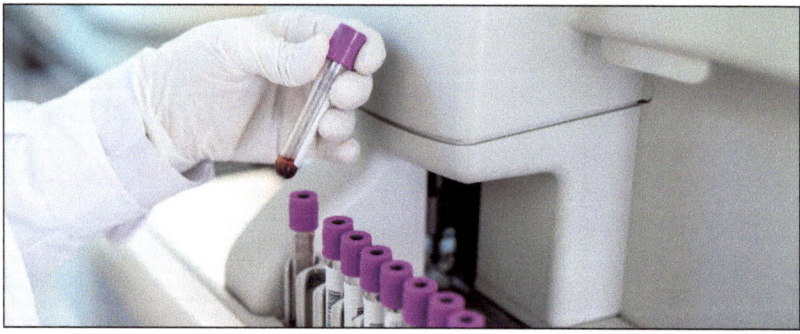

Ich bitte meine Patienten bei einem dringenden Verdacht eines MCAS, die Blut- und Urinentnahme persönlich in einem Labor in Berlin durchzuführen, und zu einem Zeitpunkt, an dem die Beschwerden verstärkt auftreten (Schub).

Spezialisierte Labore für die Analyse von histaminbedingten Störungen finden Sie im Anhang (7.4.).

Wenn Sie den Verdacht haben, an einer Mastzellerkrankung zu leiden, aber noch keine ärztliche Diagnose haben, kann Ihnen evtl. der Fragebogen der Universität Bonn eine erste Orientierung geben.

Diesen können Sie auch zu Ihrem Therapeuten mitnehmen, da der Fragebogen in Fachkreisen allgemein anerkannt wird.

 www.humangenetics-bonn.de/wp-content/uploads/2024/01/Checkliste-Patientenversion-3-2022.pdf

4. Primäre und sekundäre Histaminintoleranz

Wie Sie auf der nächsten Seite sehen werden, sind die Histaminintoleranz und das Mastzellaktivierungssyndrom zwei verschiedene Krankheitsbilder mit unterschiedlichen Ursachen, aber dennoch häufig ähnlichen Symptomen.

Ich spreche die Histaminintoleranz an dieser Stelle an, da es durchaus sein kann, dass beide Krankheitsbilder nebeneinander existieren, oder dass das MCAS auch zu einer Histaminintoleranz führen kann.

Gekennzeichnet ist die Histaminintoleranz durch die mangelnde Kapazität des Körpers, Histamin abzubauen. Die für den Abbau des Histamins notwendigen Enzyme bezeichnet man als DAO (Diaminoxidase) und HNMT (Histamin-N-Methyl-Transferase).

Während die DAO vorwiegend für den Abbau des Histamins im Blut, in den Geweben, in der Gebärmutter und im Darm zuständig ist, sorgt HNMT für den Abbau innnerhalb der Zellen, im Gehirn und in den Bronchien. Insofern verursacht ein Mangel an DAO oder der HNMT mitunter ganz unterschiedliche Beschwerden.

Der Enzymmangel führt dann zu einer Erhöhung des Histamins im Körper und zu ganz ähnlichen Beschwerden wie bei einem MCAS.

Ein Mangel an diesen Enzymen kann genetisch bedingt sein. Dann handelt es sich um eine primäre Histaminintoleranz, die durchaus parallel zu einem MCAS existieren kann. Häufig finden sich dann bereits ähnliche Beschwerden bei den Eltern oder Großeltern.

Ein Enzymmangel kann aber auch durch einen Mangel an Kofaktoren entstehen, die notwendig sind, damit die DAO und die HNMT ihre Funktion voll entfalten können.

Die Kofaktoren der DAO sind Vitamin B6, Kupfer und Zink, während die Kofaktoren der HNMT Vitamin B12, Folsäure, SAM und Mangan sind.

Im Rahmen eines MCAS kommt es zu einer dauernden Erhöhung der Histaminspiegel. Deshalb muss der Körper viel DAO und HNMT produzieren, um dieses Histamin immer wieder abzubauen. Wenn dieser Zustand über längeren Zeitraum anhält, kann es zu einem Mangel der o. g. Kofaktoren kommen, was die Funktionalität der Enzyme einschränkt und die Beschwerden des MCAS verstärkt.

In diesem Fall haben wir es mit einer sekundären Histaminintoleranz zu tun, welche bei einem MCAS durch den ständig erhöhten Verbrauch der Kofaktoren auftritt.

Aus diesem Grund lasse ich diese Kofaktoren bei allen Patienten mit einem MCAS ca. alle 6-12 Monate im Labor bestimmen.

Die folgende Grafik zeigt übersichtlich die unterschiedlichen Formen der Histaminosen mit den dazugehörigen Laborparametern und Therapien:

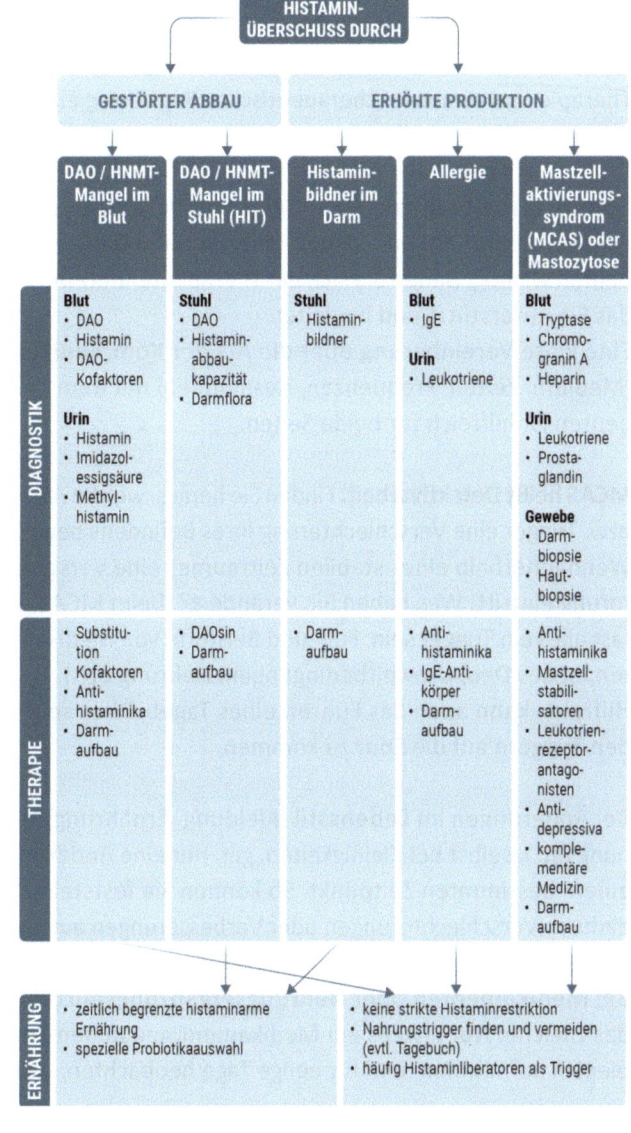

	HISTAMIN-ÜBERSCHUSS DURCH				
	GESTÖRTER ABBAU		**ERHÖHTE PRODUKTION**		
	DAO / HNMT-Mangel im Blut	DAO / HNMT-Mangel im Stuhl (HIT)	Histamin-bildner im Darm	Allergie	Mastzell-aktivierungs-syndrom (MCAS) oder Mastozytose
DIAGNOSTIK	**Blut** • DAO • Histamin • DAO-Kofaktoren **Urin** • Histamin • Imidazol-essigsäure • Methyl-histamin	**Stuhl** • DAO • Histamin-abbau-kapazität • Darmflora	**Stuhl** • Histamin-bildner	**Blut** • IgE **Urin** • Leukotriene	**Blut** • Tryptase • Chromo-granin A • Heparin **Urin** • Leukotriene • Prosta-glandin **Gewebe** • Darm-biopsie • Haut-biopsie
THERAPIE	• Substitution • Kofaktoren • Anti-histaminika • Darm-aufbau	• DAOsin • Darm-aufbau	• Darm-aufbau	• Anti-histaminika • IgE-Anti-körper • Darm-aufbau	• Anti-histaminika • Mastzell-stabili-satoren • Leukotrien-rezeptor-antago-nisten • Anti-depressiva • komple-mentäre Medizin • Darm-aufbau
ERNÄHRUNG	• zeitlich begrenzte histaminarme Ernährung • spezielle Probiotikaauswahl		• keine strikte Histaminrestriktion • Nahrungstrigger finden und vermeiden (evtl. Tagebuch) • häufig Histaminliberatoren als Trigger		

4. Empfehlungen für das Leben und die Therapie mit MCAS

- Die Diagnose Mastzellaktivierungssyndrom (MCAS) ist sicherlich eine große Herausforderung.
Dennoch ist bei angepasster Lebensführung, engmaschiger Therapie und sinnvoller therapeutischer Begleitung eine **gute Lebensqualität möglich**.

- **Geduld und Durchhaltevermögen** sind Voraussetzung für eine Verbesserung. Das ist auch im Kontakt mit Ihren Therapeuten wichtig. Bauen Sie sich ein Therapeutennetzwerk auf, das Sie unterstützt und begleitet.
Eine klare Vereinbarung über die Art der **Kommunikation** (Medium, Zeiten, Frequenzen, Ausnahmen) mit dem Therapeuten ist hilfreich für beide Seiten.

- **MCAS heißt Detektivarbeit.** Finden Sie heraus, welche Auslöser bzw. Trigger eine Verschlechterung Ihres Befindens bewirken. Wenn innerhalb eines stabilen Zeitraumes eine Verschlechterung eintritt: Was haben Sie verändert? (Beim MCAS kann fast alles ein Trigger sein: Füll- und Beistoffe von Medikamenten, neues Deo, Umweltbedingungen, Nahrung etc.)
Hilfreich kann auch das Führen eines Tagebuches sein, um den Triggern auf die Spur zu kommen.

- Bei Änderungen im **Lebensstil** (Kleidung, Ernährung, Wohnung etc.), selbst bei Kleinigkeiten, gilt: nur eine Änderung zu einem bestimmten Zeitpunkt. So können Sie feststellen, ob dadurch Verschlechterungen oder Verbesserungen auftreten.

- Bei **Medikamenten** oder **Nahrungsergänzungsmitteln** gilt das Gleiche: Nur jeweils ein Medikament neu in den Therapieplan aufnehmen, und für einige Tage beobachten, welche

Verbesserungen oder Verschlechterungen auftreten. Dasselbe gilt auch bei Absetzen von Therapie.
Medikamente und Nahrungsergänzungen, die keine Verbesserung bringen, sollten in Absprache mit dem Therapeuten abgesetzt werden, da diese möglicherweise negative Effekte haben können.

- Das Versagen eines Medikamentes einer bestimmten Wirkstoffklasse (z. B. Desloratidin als H1-Rezeptorblocker) bedeutet nicht, dass diese Wirkstoffklasse generell bei Ihnen nicht wirksam ist. Hier lohnt es sich, mit den Therapeuten verschiedene Medikamente zu testen.

- Nebenwirkungen eines Medikamentes bedeutet nicht grundsätzlich die Unverträglichkeit dieses Medikamentes. Häufig gibt es Nebenwirkungen auf Grund der Bei-, Hilfs- und Zusatzstoffe und es lohnt sich, ein anderes Medikament mit dem gleichen Wirkstoff zu probieren.
Möglich ist auch der Einsatz der Medikamente als Reinstoffe, ohne jegliche Beimengungen. Darauf hat sich die Klösterl-Apotheke in München spezialisiert, und Reinstoffe können dort angefordert werden.

- Medikamente, die Sie für andere Erkrankungen oder Beschwerden einsetzen, können häufig zu einer Verschlechterung Ihrer MCAS-Beschwerden führen, da diese evtl. die Mastzellen aktivieren oder den Abbau von Histamin hemmen. Eine Liste dieser Medikamente finden Sie im Anhang (7.3.).

- Möglicherweise bereits existierende Diagnosen für chronische Erkrankungen sollten Sie bei einer Neudiagnose eines MCAS evtl. noch einmal überprüfen lassen. Möglicherweise können die Symptome dann besser eingeordnet und neu interpretiert werden.

- **Trigger** sollten Sie, wann immer möglich, vermeiden. Das bedeutet häufig gravierende Umstellungen in der Lebensführung und ist nicht immer einfach umzusetzen, aber: Es lohnt sich.

- Häufig werden recht radikale Diäten (histaminarme Ernährung) empfohlen. Eine Diät kann kurzzeitig sinnvoll sein, sollte aber mit Ihren Therapeuten abgesprochen werden.
  Langfristig muss eine **ausgewogene, gesunde Ernährung** das Ziel sein.

- Ein gesunder Darm ist eine wichtige Voraussetzung für Verbesserungen der Beschwerden. Einseitige Ernährung und Diäten führen zu zunehmenden Störungen der Darmflora und einer Verschlechterung der Symptome.

- **Essen Sie, was Sie vertragen.** Bei einem MCAS liegen die Ursachen der Beschwerden nicht in erster Linie im Darm und somit kann über eine Diät meist nur eine leichte oder gar keine Verbesserung erreicht werden.

- Dagegen sind sogenannte **Histaminliberatoren** bei einem MCAS häufig für Verschlechterungen der Beschwerden verantwortlich, da diese die Ausschüttung von Mediatoren aus den Mastzellen bewirken und diese direkt ins Blut abgegeben werden.
Eine Liste der möglichen Histaminliberatoren finden Sie im Anhang (7.2.).

5. Konventionelle Therapie des MCAS

1. Vermeidung von Triggern

Der erste und wichtigste Schritt für eine erfolgreiche Therapie des MCAS ist die Vermeidung potenziell auslösender Trigger. Insbesondere wenn Ihre Erkrankung schubförmig verläuft, ist es wichtig, sehr detektivisch mögliche Trigger zu identifizieren.

Die Führung eines Tagebuches kann dabei sehr hilfreich sein.

Da viele Trigger in täglichen Lebenssituationen und im Lebensstil zu finden sind, bedarf es meist einer Veränderungen der individuellen Lebensführung. Das fällt, insbesondere in jungen Jahren, nicht immer leicht, wird aber meist mit einer deutlichen Verbesserung der Lebensqualität belohnt.

Daneben können auch weitere Erkrankungen und deren Verlauf, Medikamente, die Wohnsituation, die Ernährung u. v. m. eine Rolle als Trigger spielen.

Die folgende Liste hilft Ihnen insbesondere am Anfang, auf die wichtigsten Trigger zu fokussieren. Auch Ihre Therapeuten können Ihnen hierbei sicherlich behilflich sein:

- Histamin in der Nahrung
- Histaminliberatoren in der Nahrung
- Stress- bzw. Arbeitsbelastung
- Schlafqualität
- Zyklusphase
- Alltägliche Reize (Gerüche, Geräusche, Sonnenlicht, Temperatur, mechanische Reize)
- Wohnsituation (Schimmel, Lautstärke)

2. Medikamentöse Therapie

Bei einem ausgeprägten Mastzellaktivierungssyndrom (MCAS) ist sowohl in der Schul- als auch der komplementären Medizin häufig eine medikamentöse Therapie die Basis der Behandlung.

Therapieversuche über die Ernährung und naturheilkundliche Therapien sind sinnvoll und wichtig, reichen aber bei einem ausgeprägten MCAS meist nicht aus.

Zwei wesentliche Ansatzpunkte für die medikamentöse Therapie des MCAS sind die sogenannten Histamin-Blocker (Antihistaminika, Antiallergika) und die Mastzellstabilisatoren.

Während Histamin-Blocker das im Blut anfallende Histamin nicht reduzieren, sondern die Wirkung des Histamins durch Blockade der unterschiedlichen Histaminrezeptoren unterdrücken, wirken die Mastzellstabilisatoren, wie schon der Name sagt, durch eine Stabilisierung der Mastzellen und damit Verhinderung der Ausschüttung von Histamin und anderer Mediatoren.

Wichtig in der Behandlung mit den Histamin-Blockern ist die Tatsache, dass diese Medikamente für die Therapie von Allergien entwickelt wurden, und die Dosierungen für eben diese Indikation gedacht sind. In der Therapie des MCAS benötigen wir mitunter deutlich höhere Dosierungen und kombinieren auch verschiedene Medikamente einer Wirkstoffklasse und unterschiedlicher Wirkstoffklassen (H1 + H2 Antihistaminika) miteinander.

Folgende Wirkstoffklassen werden in der Therapie des MCAS eingesetzt:

- H1 + H2-Antihistaminika
- Mastzellstabilisatoren
- Leukotrienantagonisten
- IgE-Antagonisten
- Tyrokinaseinhibitoren
- Glukokortikoide
- NSAIDs
- Benzodiazepine

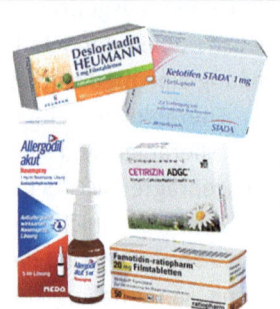

Für die Ersteinstellung auf die Medikamente empfehle ich Ihnen die Führung eines Tagebuches, zumindest für den Zeitraum der Therapiefindung.

Wie bereits weiter vorn beschrieben, sollten Sie jedes Medikament einzeln in die Therapie integrieren und für einige Zeit beobachten, bevor Sie weitere Medikamente dazunehmen.

Die Antihistaminika wirken in der Regel zeitnah, sodass man die Wirkung recht schnell spüren kann. Trotzdem sollten Sie jedes Medikament ausreichend lange einnehmen und in Absprache mit Ihrem Therapeuten schrittweise in der Dosierung anpassen, um eine ausreichende Wirkung zu erreichen.

Medikamente, die eine Verbesserung innerhalb der Probezeit zeigen, sollten weiter eingenommen und die niedrigstmögliche Dosierung gefunden werden. Medikamente, die keine Verbesserung innerhalb der Probezeit zeigen, werden wieder abgesetzt.

In diesem Zeitraum sollten Sie auch auf Gluten, Milchprodukte und Backhefe verzichten, da diese eine Quelle der Mastzellaktivierung darstellen können und die Medikamenteneinstellung erschweren bzw. verfälschen können.

Nach der Einstellung können Sie diese wieder schrittweise, jeweils einzeln, in die Ernährung einbauen und schauen, ob diese zu zusätzlichen Beschwerden führen oder nicht.

H1-Antihistaminika

Eine Aktivierung der H1-Rezeptoren ist verantwortlich für die zu beobachtenden, allergieartigen Wirkungen des Histamins. Dazu zählen vor allem Juckreiz und Kopfschmerz, Rötungen der Haut (Flush), sogenannter brain fog und Bauchschmerzen.

Im Zentralnervensystem ist Histamin an der Regulation des Schlaf-Wach-Rhythmus beteiligt.

H1-Blocker der ersten Generation sind bekannt für ihre sedierende Wirkung und finden deshalb in der Therapie allergischer Symptome kaum noch Anwendung.

H1-Blocker der zweiten Generation haben diese Nebenwirkungen nicht mehr, oder weniger stark, und werden in Kombination mit H2-Blockern als Basismedikation eingesetzt.

Typische H1-Blocker für die Therapie des MCAS sind Rupatadin, Fexofenadin, Cetirizin/Levocetirizin, Ebastin, Desloratadin/Loratadin. Auch Ketotifen ist ein H1-Antihistaminikum, das gleichzeitig den Mastzellstabilisatoren zugeordnet wird.

Da die H1-Blocker der zweiten Generation die Blut-Hirnschranke nicht oder nur in sehr geringem Maß überwinden können (weshalb der sedierende Effekt wegfällt), haben sie auch kaum Einfluss auf die Ausprägung möglicher neurologischer Symptome.

Bei entsprechender neurologischer Symptomatik (Angst, Panikattacken, Schlafstörungen etc.) können Sie nur auf die H1-Blocker der ersten Generation (Dimetinden, Doxylamin, Diphenhydramin, Promethazin) zurückgreifen und versuchen, die entsprechenden Nebenwirkungen in den Auswirkungen auf Ihre Lebensqualität zu minimieren. Die Mastzellstabilisierung spielt in diesen Fällen eine zentrale Rolle.

H2-Antihistaminika

Die H2-Rezeptoren sind über die Regulation der Magensäure und der Motilität des Darmes vor allem an gastrointestinalen Symptomen, wie Reflux, Sodbrennen und Durchfall beteiligt. Eine Aktivierung der H2-Rezeptoren führt ebenfalls zu einer Beschleunigung des Herzschlages und einer erhöhten Schlagkraft des Herzens (Blutdruck- und Pulssteigerung). Durch die Erweiterung kleiner Gefäße kann es aber auch zu Blutdrucksenkung mit Schwindel und Ohnmacht kommen. Häufig eingesetzte H2-Antihistaminika sind Famotidin, Cimetidin und Ranitidin. Cimetidin kann auch die DAO blockieren und soll nur mit Vorsicht eingesetzt werden. Die Zulassung für Ranitidin ruht zum gegenwärtigen Zeitpunkt.

Für die **H3- und H4-Rezeptoren** sind aktuell noch keine Medikamente für diese Indikation verfügbar. Allerdings gibt es auf diesem Gebiet interessante Entwicklung und möglicherweise sind derartige Medikamente schon bald verfügbar.

Mastzellstabilisatoren

Die Mastzelle spielt bei einem MCAS und bei allergischen Erkrankungen eine Schlüsselrolle. Auf ihrer Oberfläche sitzen zahlreiche Rezeptoren. Diese nehmen Signale aus ihrer Umgebung auf und geben diese über Botenstoffe in das Innere der Mastzelle weiter. Dies kann dann dazu führen, dass die Mastzellen degranulieren, also ihre Mediatoren (Histamin, Prostaglandin, Heparin etc.) freisetzen, und dass diese dann im ganzen Körper zirkulieren.

Mastzellstabilisatoren haben die Aufgabe, die Zellmembranen der Mastzellen zu stabilisieren und unempfindlicher gegenüber den von außen kommenden Signalen zu machen, um so eine Ausschüttung des Histamins zu verhindern oder zumindest zu reduzieren.

Zwei Vertreter dieser Medikamentengruppe sind **Ketotifen** und **Cromoglicinsäure**. Diese sind sowohl für die orale Aufnahme (über den Mund) als auch als lokale Therapie als Augen- und Nasentropfen verfügbar.

In der komplementären Medizin gibt es eine große Vielzahl von Faktoren (Ernährung, Hormone, pflanzliche Substanzen und spezifische Fettsäuren), mit denen man sehr gut Einfluss auf die Stabilität der Mastzellen nehmen kann.

Die Antihistaminika und die Mastzellstabilisatoren stellen die Basismedikation eines MCAS dar. Die Einstellung auf diese Basistherapie ist sehr individuell und kann einige Wochen oder auch Monate in Anspruch nehmen.

Bestehen unter dieser Therapie weiterhin erhebliche Beschwerden, müssen andere Medikamente in die Therapie einbezogen werden.

Leukotrienrezeptorantagonisten

Diese Gruppe von Medikamenten haben vor allem entzündungshemmende und antiallergische Eigenschaften und können insbesondere dann hilfreich sein, wenn eine Erhöhung der Leukotriene im Urin nachweisbar ist.

Beschwerden im Verdauungstrakt oder der Atemwege sind die klassischen Indikationen für die Leukotrienrezeptorantagonisten. Ein typischer Vertreter dieser Gruppe ist **Montelukast**.

Schmerzmittel

Da Histamin selbst Schmerzen auslösen oder vorhandene Schmerzen verstärken kann, und Schmerzen auch zu einer Mastzellaktivierung führen können, kann der Einsatz von Schmerzmitteln sinnvoll oder notwendig sein.

Typische Beschwerden sind migräneartige Kopfschmerzen, Knochen- und Muskelschmerzen, z. T. am ganzen Körper, oder brennende oder kribbelnde Schmerzen der Nerven.

Da es bei einem MCAS häufig auch zu einer Salicylatunverträglichkeit kommen kann, sind Medikamente mit Acetylsalicylsäure (ASS) oder Ibuprofen nur mit großer Vorsicht anzuwenden.

Acetylsalicylsäure ist andererseits aber oft sehr wirksam, insbesondere bei einer Erhöhung der Prostaglandine. Ein Therapieversuch sollte mit sehr kleinen Dosen ASS gestartet und, bei guter Verträglichkeit, langsam gesteigert werden.

Mittel der Wahl bei Schmerzen sind beispielsweise **Paracetamol, Metamizol, Etoricoxib** oder **Celecoxib.**

Bei starken Schmerzen, die mit der Basisschmerzmedikation nicht ausreichend in den Griff zu bekommen sind, müssen dann in Absprache mit dem Arzt stärkere Schmerzmittel (**Tramadol, Novaminsulfon**) oder auch **Opioide** eingesetzt werden.

Allerdings führen Opioide wiederum zu einer Mastzellaktivierung und es muss eine sehr genaue und individuelle Nutzen-Risiko-Abwägung erfolgen.

Patienten reagieren höchst unterschiedlich auf die Schmerzmittel und es müssen durch Therapieversuche die geeigneten Mittel gefunden werden.

Für eine dauerhafte Basisbehandlung eignet sich aus dem Bereich der Nahrungsergänzungsmittel das **Palmitoylethanolamid** (kurz: **PEA**) sehr gut. PEA ist ein natürlicher, körpereigener Entzündungs- und Schmerzhemmer und wirkt direkt auf die Mast- und Nervenzellen.

Eine Wirkung tritt erst nach drei bis sechs Wochen auf, weshalb es nicht für die akute Schmerztherapie geeignet ist.

Wichtig ist, bei anstehenden **Operationen, endoskopischen Eingriffen** oder anderen Behandlungen, bei denen möglicherweise eine **Narkose** notwendig wird, das ausführliche Gespräch mit dem Narkosearzt zu suchen.

Wirz und Molderings empfehlen eine individuell abgestimmte intravenöse Vorbehandlung mit Glukokortikoide, Ranitidin und Dimetinden ca. 30 Minuten vor Beginn der Behandlung.

Für das **postoperative Schmerzmanagement** eignen sich am ehesten Fentanyl, Tramadol und Hydromorphone, da deren Einfluss auf die Mastzellen gering ist.

Benzodiazepine

Bei neurologischen Symptomen wie Schlafstörungen oder Angst- und Panikzuständen kann der Einsatz von Benzodiazepinen (Triazolam) für einen Zeitraum von ein bis zwei Wochen sehr hilfreich sein.

Benzodiazepine reduzieren die auf die Mastzellen einwirkenden Reize und führen so zu deren Beruhigung. In entsprechenden Dosierungen kann dieser Effekt erreicht werden, ohne eine schlafanstoßende Wirkung zu haben.

Viele Patienten klagen über z. T. massive Schlafstörungen. Ein gesunder Schlaf hat mastzellstabilisierende Wirkung und ist deshalb von großer Bedeutung.

Bei Schlafstörungen empfehle ich grundsätzlich zuerst die Einnahme hoch dosierten **Melatonins**. Melatonin ist ein wichtiges Antioxidans, welches auch zentral wirksam und insofern sehr nützlich bei einer neurologischen Beteiligung ist.

Hoggar Night ist ein H1-Blocker und kann sehr gut bei histaminbedingten Schlafstörungen eingesetzt werden. Viele meiner Patienten profitieren insbesondere bei leichter Krankheitsausprägung. Die Dosierung starte ich grundsätzlich mit ¼ Tablette, was die meisten Patienten gut vertragen.

Unter höheren Dosen kann es zu einem sogenannten Hangover-Effekt, mit starker Müdigkeit oder Abgeschlagenheit am nächsten Morgen, kommen.

Glukokortikoide

Diese Medikamentengruppe spielt heute keine große Rolle mehr in der Behandlung eines MCAS. Allerdings gehören Glukokortikoide in jedem Fall in eine Notfallapotheke, da sie neben einem H1-Antihistaminikum und Adrenalin in einer Fertigspritze die Basis einer Notfallmedikation darstellen.

Hier stehen Glukokortikoide in flüssiger Form (**Celestamine liquidum**) oder als Tabletten (**Dexamethason**) zur Verfügung.

Mögliche Notfälle bei einem MCAS sind anaphylaktische oder anaphylaktoide Reaktionen, die mit massiven und teils lebensbedrohlichen Symptomen im Bereich der Atemwege, des Herz-Kreislaufsystems und des Magen-Darm-Traktes einhergehen können.

Dies betrifft aber in erster Linie schwere Formen dieser Erkrankung und kommt selten vor.

Ein großer Teil der o. g. Medikamente dürfen ausschließlich von Ärzten verordnet werden, und die Dosierungen sollten engmaschig mit diesen abgesprochen werden. Häufig **kontraindiziert** sind folgende Medikamente. Diese sollten nur mit größter Vorsicht eingesetzt werden:

- Beta-Adrenorezeptorblocker (Betablocker)
- ACE-Hemmer
- Opioide
- Salicylathaltige Schmerzmittel (ASS, Ibuprofen)
- Morphin, Codein
- Carpamazepin
- Serotonin-Wiederaufnahme-Hemmer (Antidepressiva)
- Lokale Anästhetika (Lidocain, Procain)
- Antibiotika (Gyrase-Hemmer, Vancomycin, Cefuroxime)
- Kontrastmittel (Gadolinum, jodhaltige Kontrastmittel)

Diese Liste ist keineswegs vollständig. Vor jeder Einnahme eines neuen Medikaments sollte mit dem Arzt eine Prüfung auf mögliche Unverträglichkeiten bzw. mastzellaktivierende Eigenschaften erfolgen.

Vermeiden sollten Sie ebenfalls jegliche **immunstimulierenden Medikamente** oder **Nahrungsergänzungsmittel**. Bei Notwendigkeit einer Immunstimulation aufgrund besonderer gesundheitlicher Umstände empfehle ich, dies eng mit Ihrem Arzt oder Heilpraktiker abzustimmen.

Empfehlungen zum Thema **Impfungen** finden Sie im Kapitel 10.

6. Komplementäre Therapie

Die komplementäre Therapie kann, aufgrund der Komplexität der Erkrankung, natürlich auch komplex und aufwendig sein. Wie bereits im Kapitel zuvor erwähnt, wird es sinnvoll sein, sich ein gutes Netzwerk an verschiedenen Therapeuten aufzubauen und dieses zu pflegen.

Aus meiner Erfahrung empfehle ich Ihnen, sich einen zentralen, kompetenten Ansprechpartner für Ihre Behandlung zu suchen und in Absprache mit diesem weitere Experten, je nach individuellem Bedarf und Behandlungsplan, zu integrieren. Dafür eignen sich am ehesten spezialisierte Ärzte oder Heilpraktiker.

- Ärzte verschiedener Fachrichtung (Allergologie, Kardiologie, Immunologie, Gastroenterologie)
- Heilpraktiker
- Ernährungsspezialisten
- Physiotherapeuten
- Psychotherapeuten

1. Orthomolekulare Medizin

Da das Vorhandensein bestimmter Mineralstoffe, Vitamine und Spurenelemente essenziell für die Funktion der histaminabbauenden Enzyme DAO und der HNMT sind, liegt zu Beginn einer jeden Behandlung ein Fokus auf der Analyse dieser Nährstoffe und deren Substitution bei einem etwaigen Mangel. Im Verlauf der Erkrankung ist eine Vermeidung dieser Defizite sehr wichtig.

Nährstoffmängel werden auch durch verschiedene Lebensstilfaktoren stark beeinflusst und Anpassungen sind empfehlenswert:

- Alkohol
- Nikotinkonsum
- Häufiger Stress
- Medikamente, die Nährstoffräuber sein können (Anti-Baby-Pille, Cortison, ASS, ACE-Hemmer, Magensäureblocker etc.)
- Stoffwechselstörungen
- Schwangerschaft und Stillzeit

DAO-Kofaktoren

Ein wichtiges Augenmerk bei der Therapie des MCAS und anderen Histaminosen sollten Sie immer auf die DAO-Kofaktoren (Vitamin B6, Kupfer, Zink) haben.

Diese Kofaktoren sind essenziell notwendig für eine gute Funktion der histaminabbauenden Enzyme DAO und HNMT. Wird viel Histamin gebildet, muss auch viel DAO und HNMT gebildet werden und werden die Kofaktoren verbraucht.

Damit kommt es zu einem Mangel an Kofaktoren sowie der Enzyme und dadurch zu einer Verschlechterung Ihrer Symptomatik.

Ich empfehle meinen Patienten diese Kofaktoren je nach Krankheitsausprägung alle sechs bis zwölf Monate zu messen und nach Befund zu substituieren.

Vitamine, Mineralien und Spurenelemente

Das bereits erwähnte Zink ist nicht nur Kofaktor, sondern auch ein sehr wichtiger Mastzellstabilisator. Hohe Zinkspiegel im Blut sind deshalb sehr wichtig.

Vitamin D ist an über 900 genetischen Regulationsprozessen beteiligt und hat insofern einen wichtigen Einfluss auf epigenetische Prozesse. Es spielt eine wichtige Rolle im Immunsystem und hat in ausreichenden Blutspiegeln antiinflammatorische und antiautoimmune Eigenschaften.

Ein Mangel an Vitamin D ist auch mit einer erhöhten Empfindlichkeit der Mastzellen verbunden und sollte deshalb in ausreichend hohen Dosen regelmäßig eingenommen werden.

Ein Vitamin-D-Mangel ist in unseren Breitengraden und aufgrund unseres Lebensstils ausgesprochen häufig. Eine niedrigdosierte oder nur saisonale Substitution reicht in der Regel nicht aus.

Durch Störungen des Vitamin-D-Stoffwechsels (z. B. Rezeptorstörungen) können, auch bei ausreichend hohen Spiegeln an Vitamin-D, Regulationsstörungen auftreten und müssen durch Spezialisten erkannt und behandelt werden.

Magnesium ist für sehr viele Funktionen in unserem Körper verantwortlich. Es ist beteiligt an der Regulation des Blutzuckers und des Blutdruckes, spielt eine wichtige Rolle in der Muskelfunktion, der Funktion unseres Nervensystems, der Knochengesundheit und Verdauung.

Beim MCAS spielt Magnesium eine zentrale Rolle und führen niedrige Magnesiumspiegel zu einer schnelleren Mastzellaktivierung.

In der Praxis finde ich sehr häufig deutliche Defizite in der Versorgung mit Vitamin D, Zink und Magnesium und oft ist eine, zumindest vorübergehende, Substitution notwendig.

Die Gruppe der **B-Vitamine** ist an sehr vielen, beim MCAS entscheidenden Prozessen, beteiligt. So spielen sie eine zentrale Rolle im Energiehaushalt, der Entgiftung, der Funktion unseres Nervensystems und anderer Organe.

Mängel durch unzureichende Aufnahme (insbesondere bei speziellen Diäten) oder erhöhten Verbrauch sind nicht selten und haben spürbare Auswirkungen auf das Wohlbefinden, insbesondere beim MCAS.

Als Kofaktor der DAO und der HNMT spielt das **Vitamin B6** sicherlich eine zentrale Rolle. Aber auch bei der Entgiftung, beim Aufbau von Neurotransmittern und Hormonen sowie der Energieproduktion in allen Zellen wird Vitamin B6 benötigt und hat so Einfluss auf die Erkrankung.

Einer Substitution mit Vitamin B6 sollte immer ein ausreichender Spiegel an Zink, Kupfer und SAMe vorausgehen, da es sonst zu Unverträglichkeiten des Vitamin B6 kommen kann.

Vitamin B12 und **Folsäure** kommt ebenso eine wichtige Rolle zu, da diese für die Funktion des Enzyms HNMT und damit ebenso für den Abbau von Histamin notwendig sind. Sie spielen auch eine wichtige Rolle in den epigenetischen Prozessen und können somit einen positiven Einfluss auf die Ausprägung möglicher genetischer Veränderungen haben.

SAMe ist ebenfalls als sogenannter Methylgruppen-Donator von Bedeutung und hat über diese Funktion einen wichtigen Einfluss auf die epigenetische Ausprägung bzw. die Genexpression und damit den Krankheitsverlauf.

Darüber hinaus ist SAMe beteiligt am Abbau von Histamin, insbesondere im Gehirn und der Bildung von Melatonin.

Weiterhin spielen **Magnesium** und **Mangan** eine wichtige Rolle für die Funktion des Enzyms HNMT und sollten regelmäßig kontrolliert und bei Bedarf ebenso substituiert werden.

Weitere orthomolekulare Substanzen

Palmitoylethanolamid (PEA)

PEA ist eine natürlich in unserem Körper vorkommende Fettsäureverbindung und wird bei Bedarf in allen unseren Körperzellen gebildet. Das passiert immer dann, wenn Zellen oder Gewebe geschädigt werden.

PEA trägt dazu bei, eine übermäßige Bildung entzündungsfördernder und schmerzfördernder Substanzen in den Zellen zu verhindern. Dadurch werden Entzündungen und Schmerzen deutlich reduziert und das Risiko für eine Chronifizierung gesenkt.

PEA hemmt auch direkt die Aktivierung von Mast- und Gliazellen und übt über diesen Mechanismus eine juckreiz- und schmerzstillende, sowie neuroprotektive Wirkung aus.

Da die Wirkung von PEA in der Regel erst nach einigen Wochen eintritt, ist es sehr gut als Basismedikation zur Schmerzlinderung, nicht aber für die akute Schmerztherapie geeignet.

Tetrahydrocannabinol (THC)

Der medizinische Gebrauch von Cannabis sativa ist seit wenigen Jahren in Deutschland möglich und ist insbesondere zum Einsatz als Schmerzmittel geeignet, wenn andere Therapieoptionen versagen.

Mastzellen besitzen auf ihrer Oberfläche Cannabinoid-Rezeptoren, deren Stimulation zu einer Hemmung der Mastzellaktivierung führt.

Cannabisblüten enthalten zusätzlich sogenannte Terpene, die entzündungshemmend, schmerzlindernd und wundheilungsfördernd sind.

Die typische Applikation erfolgt inhalativ über spezielle Verdampfer und ein Wirkungseintritt erfolgt bereits nach ein bis zwei Minuten.

Die Verordnung von Cannabis auf Rezept ist möglich, wenn andere zur Verfügung stehende Therapien versagen.

Cannabidiol (CBD-Tropfen)

Cannabidiol (kurz CBD) ist eine der vielen Verbindungen, die in der Cannabispflanze vorkommen. CBD wird aus der weiblichen Pflanze gewonnen.

Im Gegensatz zu THC, dem psychoaktiven Bestandteil von Cannabis, hat CBD allerdings keine berauschende Wirkung, da der THC-Gehalt unter der gesetzlichen Nachweisgrenze von 0,2 % liegt.

Zu den wichtigsten Vorteilen von Cannabidiol gehören die Fähigkeit, das allgemeine Wohlbefinden zu verbessern, sowie bei Entzündungen, Verspannungen, Stress und Angstzuständen helfen zu können. Durch die Reduzierung von Stress und die beruhigende Wirkung können auch Schlafprobleme effektiv behandelt und der Schlaf-Wach-Rhythmus optimiert werden.

CBD wirkt im Körper über das sogenannte Endocannabinoid-System (ECS) und spielt eine entscheidende Rolle bei der Regulierung verschiedener physiologischer Prozesse, einschließlich Appetit, Schlaf, Stimmung und mehr. Das ECS wird dem zentralen Nervensystem zugeordnet und besitzt Rezeptoren, die speziell mit Cannabinoiden interagieren.

Es gibt im Körper zwei verschiedene Rezeptoren für Cannabinoide. Die CB1-Rezeptoren befinden sich vorwiegend im Gehirn, den Nerven und im Darm und wirken dort beruhigend und angstlösend, während CB2-Rezeptoren im Immunsystem zu finden, und entzündungshemmend und schmerzlindernd sind.

Es gibt verschiedene Konzentrationen von 5 % bis 20 % CBD. Zu Beginn empfehle ich mit niedrigen Dosierungen zu starten.

Die Einnahme erfolgt idealerweise durch das Tropfen des Öls unter die Zunge. Hier wird es schnell über die Mundschleimhaut aufgenommen und entfaltet rasch seine Wirkung.

Omega-3-Fettsäure

Aufgrund der heutigen Ernährung mit häufig Omega-6-lastigen Nahrungsmitteln haben die meisten Menschen einen Mangel an Omega-3-Fettsäuren.

Beide Fettsäuren sind für viele Körperfunktionen unverzichtbar und sollten in einem ausgewogenen Verhältnis vorhanden sein.

In der Ernährungsberatung empfehle ich oft, die Einnahme von Omega-3-Fetten über die Ernährung sicherzustellen. Viel Omega-3 finden wir in Fischen (Lachs, Hering, Makrele, Sardine, Thunfisch), Lein- und Walnussöl, Lein- und Chiasamen, Walnüssen und Avocado.

Für den therapeutischen Einsatz, insbesondere zur Entzündungshemmung, ist der Einsatz von Nahrungsergänzungen in Form von Omega-3-Öl sinnvoll, da ich hier in therapeutischen Dosen von 3-5 Gramm arbeite.

Fettsäuren werden in allen Zellen zum Einbau in die Zellmembranen gebraucht, und über diesen Effekt stabilisieren Omega-3-Fettsäuren die Membranen auch von Mastzellen.

Bei der Einnahme von Omega-3-Ölen ist es wichtig, auf die Zusammensetzung zu schauen, da nur die Omega-3-Fettsäuren EPA (Eicosapentaensäure) und DHA (Docosahexaensäure) diese positiven entzündungshemmenden und neuroprotektiven Eigenschaften besitzen, nicht aber die ALA (Alpha-Linolensäure).

Infusionstherapie

Die Infusionstherapie ist Teil der orthomolekularen Medizin und spielt in meiner Praxis bei verschiedenen Krankheitsbildern eine große Rolle.

Auch bei der Diagnose MCAS kann die Infusionstherapie sehr hilfreich sein, weil diese zum einen sehr schnell wirksam ist, Defizite schnell ausgleichen und somit Linderung bringen kann. Zum anderen umgehe ich mit dieser Art der Applikation mögliche Hindernisse bei der Aufnahme der Wirkstoffe im Verdauungstrakt, wie dies häufig bei Mineralstoffen wie Zink, Magnesium, Kupfer oder Eisen zu beobachten ist. Patienten beklagen nicht selten, dass trotz Substitution die Blutspiegel nicht ansteigen und so keine Besserung eintritt.

Vitamin C

Vitamin C ist ein sehr potenter Mastzellstabilisator, der bei ausreichend hohen Blutspiegeln sehr wirksam sein kann. Diese Blutspiegel sind über die Aufnahme von Nahrungsergänzungsmitteln leider nicht zu erreichen, da der Darm maximal 1000 mg Vitamin C resorbieren kann.

Mit der Infusion von Vitamin C in hohen Dosen lassen sich die Spiegel schnell aufbauen und über eine weitere orale Substitution gut halten.

Häufig verwende ich Vitamin-C-Infusionen auch in akuten Situationen, um schnell eine Symptomlinderung für die Patienten zu erreichen.

Trotzdem ist beim Einsatz von Vitamin C mit Augenmaß vorzugehen, da es bei manchen Patienten auch die Mastzellaktivierung triggern kann.

Glutathion

Infusionen mit Glutathion sind immer dann angezeigt, wenn Patienten eine eingeschränkte Leber- und Entgiftungsfunktion aufweisen.

Glutathion ist das Schlüsselelement unserer Entgiftung und das wirkungsvollste Antioxidans. Es wird in der Leber gebildet und bei hohen Belastungen oder verminderter Glutat-

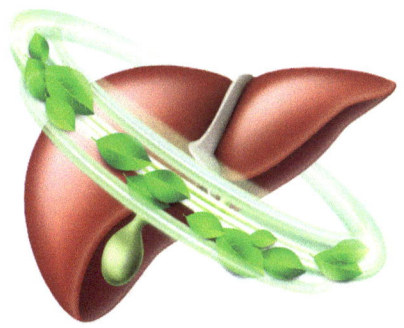

hionproduktion (häufig genetisch bedingt) kann es zu Mangelerscheinungen kommen. Schadstoffe werden dann nicht mehr ausreichend entgiftet und sammeln sich in Organen, Fettgewebe, Gehirn etc. an.

Glutathion kann im Verdauungstrakt nicht über die Darmschleimhaut aufgenommen werden, sondern wird in seine einzelnen Bausteine (die Aminosäuren Glutamin, Glycin und Zystein) zerlegt und dann nach Resorption im Darm für unterschiedliche Körperfunktionen verwendet.

Mit Glutathion-Infusionen lassen sich Defizite schnell und effektiv reduzieren und eine Besserung der Beschwerden ist häufig nach wenigen Infusionen spürbar.

B-Vitamine

Die Vitamine der B-Reihe, insbesondere Vitamin B6, B12 und Folsäure spielen in der Therapie des MCAS eine wichtige Rolle.

Vitamin B6 als Kofaktor des Enzyms DAO ist bei hohen Histaminspiegeln im Blut aufgrund des übermäßigen Verbrauches oft im Mangel.

Vitamin B12 kann vom Körper nicht selbst produziert werden und ist bei vegetarischer oder veganer Ernährung häufig im Mangel, da tierische Nahrungsmittel die Hauptquelle für dieses Vitamin sind. Bei einigen Patienten ist auch die Resorption über den Verdauungstrakt eingeschränkt.

Es spielt eine wichtige Rolle beim Abbau von nitrosativem Stress in unserem Körper, bei der Blutbildung und für die Funktion unseres Nervensystems. Ebenso ist Vitamin B12 ein sehr wichtiger epigenetischer Faktor.

Eine Substitution der B-Vitamine mittels Infusionstherapie kann schnell und sicher Defizite ausgleichen und, insofern die Beschwerden aufgrund dieses Mangels auftreten, eine deutliche Verbesserung des Wohlbefindens bringen.

Säure-Basen-Infusionen

Diese Art der Infusion wird häufig bei Übersäuerungen des Körpers eingesetzt. Die Übersäuerung kann Folge einer falschen Ernährung, häufigen Stresses oder sportlich intensiver Belastungen sein, oder auch krankheitsbedingt (insbesondere bei entzündlichen Erkrankungen) auftreten.

Für viele Stoffwechselprozesse in unserem Körper und für den ungestörten Transport der Stoffe in den Geweben und in die Zellen ist ein ausgeglichener Säure-Basen-Haushalt essenziell.

Eine Basenkur mit oral aufzunehmenden Präparaten ist bei einer Übersäuerung nicht sinnvoll, da durch diese Präparate das Säuremilieu im Magen gestört wird und Verdauungsstörungen die Folge sind. Ein positiver Effekt in den peripheren Zellen und Geweben ist damit eher unwahrscheinlich.

2. Natürliche Mastzellstabilisatoren

Es gibt sehr viele natürliche Mastzellstabilisatoren und diese sind häufig in unserer Nahrung zu finden.

- Vitamin C
- Quercetin
- Luteolin
- Curcumin
- Grünteeextrakt (EGCG)
- Resveratrol
- Weihrauch
- Palmitoylethanolamid (PEA)
- Baicalein (Baikal Helmkraut)
- Schwarzkümmelöl
- Tulsi (Indisches Basilikum)

Pflanzliche Substanzen können aber auch Nebenwirkungen haben. Insbesondere bei einer Salicylatunverträglichkeit (NSAR-Intoleranz) sollten Sie die Verträglichkeit vorsichtig testen.

Auch bei Leberfunktions-/Entgiftungsstörungen kann die Aufnahme von sekundären Pflanzenstoffen zu Beschwerden führen, da diese die Entgiftungsfunktion stärker in eine Dysbalance führen. Ist dies bei Ihnen der Fall, müssen vorher diese Störungen beseitigt werden.

Da die Wirkstoffe dieser pflanzlichen Substanzen meist eine dosisabhängige Wirkung zeigen, kann die Aufnahme über die Nahrung zu gering und damit die Wirkung nicht ausreichend sein.

In solchen Fällen eignen sich qualitativ hochwertige Aufbereitungen in Kapselform als Nahrungsergänzung. In meiner Praxis verordne ich häufig Vitamin C, Quercetin, Curcumin, Weihrauch und Luteolin in dieser Form.

Vitamin C – Quercetin – Luteolin

Vitamin C ist eine zentrale Säule in der Therapie des MCAS. Viele Patienten berichten oft von einer spürbaren Wirkung.

Erhöhte Histaminspiegel können durch Vitamin C effektiv gesenkt werden.

Vitamin C ist ebenso wichtig als Radikalfänger, bei der Synthese von Neurotransmittern und Hormonen sowie der Unterstützung der Funktion des Immunsystems und der Abwehr von Erregern.

Die alleinige Aufnahme von Vitamin C über die Nahrung reicht meist nicht aus. Ich empfehle die tägliche Zufuhr über Nahrungsergänzungsmittel und bei ausgeprägter Symptomatik auch die Infusionstherapie.

Vitamin C wird nur sehr schlecht über unseren Darm resorbiert. Deshalb sollte bei der Substitution mit Kapseln die regelmäßige, über den Tag verteilte Aufnahme bevorzugt werden, statt einmalig hoher Dosen. Die Einnahme von liposomalem Vitamin C hat möglicherweise Vorteile bei der Resorption.

Quercetin ist ein sehr guter Mastzellstabilisator und aus der Therapie des MCAS nicht wegzudenken. Viele Patienten profitieren von der Einnahme.

In der Nahrung finden wir Quercetin in:

- Zwiebeln
- Äpfeln
- Brokkoli
- Blaubeeren
- Tomaten
- Trauben (rot)

Eine uneingeschränkte (und damit ausreichende) Aufnahme ist oft auch hier nicht über die Nahrung möglich.

Deshalb ist die Einnahme von Quercetin über Nahrungsergänzungsmittel sinnvoll und hilfreich.

Luteolin ist wie Quercetin und Rutin ein Flavonoid (Pflanzenfarbstoff) und ein sehr wichtiges und effektives Antioxidans (Radikalfänger).

Flavonoide haben viele positive gesundheitliche Effekte und spielen allesamt in der Behandlung des MCAS als Mastzellstabilisator eine wichtige Rolle.

Luteolin finden Sie insbesondere in:

- Rosmarin, Thymian, Oregano
- Petersilie
- Möhren
- Paprika
- Sellerie
- Brokkoli

3. Hormontherapie

Progesteron und Östrogen

Östrogen als Sexualhormon wird, bei erhöhten Spiegeln, als Auslöser für diverse chronische Erkrankungen diskutiert.

Mastzellen haben auf ihrer Oberfläche Rezeptoren mit einer hohen Affinität gegenüber Östrogen, wodurch es bei Kontakt zu einer Mastzellaktivierung kommen kann.

Entsprechend berichten Frauen mit einem MCAS häufig von einer Verschlechterung oder Verbesserung ihrer Symptomatik in Abhängigkeit von ihrem Zyklus.

Mit einer Verschlechterung der Symptome ist während des Eisprunges und zu Beginn der Regelblutung zu rechnen, da hier die Östrogenspiegel erhöht sind.

Im Gegensatz dazu hat Progesteron einen positiven Einfluss auf die Symptome eines MCAS. Als das schwangerschaftserhaltende Hormon wird es oft auch als „Wohlfühlhormon" bezeichnet, da bei hohen Progesteronspiegeln vielfältige Beschwerden (Nahrungsmittelunverträglichkeiten, Schlafstörungen, Stressanfälligkeit etc.) deutlich zurückgehen oder sogar verschwinden. Nicht ohne Grund erleben Frauen die Schwangerschaft häufig als die Zeit besten Wohlbefindens.

Hohe Progesteronspiegel stabilisieren die Mastzellen und führen zu einer Verbesserung der Symptomatik.

Übrigens wird während einer Schwangerschaft sehr viel DAO in der Gebärmutter gebildet. Dieser Mechanismus gewährleistet, dass das Histamin in der Gebärmutter effektiv und schnell abgebaut wird und sorgt damit für eine sichere und komplikationslose Schwangerschaft.

Histamin spielt ebenso eine große Rolle beim prämenstruellen Syndrom und der Endometriose und kann durchaus bei entsprechender Therapie positiv beeinflusst werden.

Einer Therapie mit Sexualhormonen sollte immer ein Speicheltest vorausgehen. Das Ziel einer Therapie ist ein ausgewogenes Verhältnis von Östrogen zu Progesteron.

Melatonin

Melatonin ist ein Hormon, welches in der Epiphyse unseres zentralen Nervensystems gebildet wird und wesentlich an der Regulation unseres Schlaf-Wach-Rhythmus beteiligt ist.

Melatonin hat antioxidative, antiinflammatorische und immunmodulierende Eigenschaften. Durch seine Wirkung im zentralen Nervensystem hat Melatonin damit insbesondere Einfluss auf viele neurologische Symptome.

Da Histamin den Schlaf-Wach-Rhythmus deutlich beeinflusst, berichten viele Patienten von häufigen Schlafstörungen. Oft wird über Einschlafstörungen mit Herzklopfen und schnellem Puls berichtet, oder aber von nächtlichem Aufwachen, ohne wieder einschlafen zu können.

Die schlaffördernde Wirkung des Melatonins kann beim MCAS sehr sinnvoll genutzt werden.

Ein guter und erholsamer Schlaf selbst hat eine deutlich mastzellstabilisierende Wirkung.

Schlechter Schlaf auf der anderen Seite führt zu vermehrtem körperlichem und geistigem Stress und so zu einer Mastzellaktivierung.

Schilddrüsenhormone

Das Mastzellaktivierungssyndrom (MCAS) tritt häufig im Kontext mit anderen Erkrankungen auf. Eine Liste dieser Erkrankungen finden Sie auf Seite 14 in dieser Broschüre.

Die **Hashimoto-Thyreoiditis**, eine Autoimmunerkrankung der Schilddrüse, die zu einer Schilddrüsenunterfunktion führen kann, ist ein sehr wichtiger Vertreter dieser MCAS-assoziierten Erkrankungen.

Häufig sind es Patienten, die berichten, dass trotz Einnahme der verordneten Medikamente die Schilddrüsenfunktion nur schlecht einstellbar ist, mal die Dosis zu hoch, mal zu niedrig erscheint und eine Stabilität im Sinne von Wohlbefinden und Ausgeglichenheit selten erreicht wird. Spätestens dann lohnt ein Blick auf den Histaminhaushalt.

Woran liegt das? Das aktive Schilddrüsenhormon T3 wird nicht nur von der Schilddrüse freigesetzt. Es wird auch in Mastzellen gespeichert und bei Degranulierung der Mastzellen freigesetzt.

Jede Mastzellaktivierung führt damit unweigerlich zu einem Zuviel an Schilddrüsenhormon und entsprechenden Symptomen mit innerer Unruhe, Herzklopfen, Hitzewallungen, Schweißausbrüchen, Schlafstörungen etc.

Umgekehrt können auch Schilddrüsenhormone zu einer Aktivierung der Mastzellen und damit zu einem Anstieg von Histamin führen, da Mastzellen Rezeptoren für T3 und TSH an ihrer Oberfläche haben.

Und zusätzlich führt eine Unterfunktion der Schilddrüse mit einem Mangel an Hormonen auch zu einer Aktivierung der Mastzellen.

Vereinfacht heißt das, Schilddrüse und Mastzellen beeinflussen bzw. aktivieren sich gegenseitig und dies häufig völlig unkontrolliert.

Welche Erkrankung also für Ihre jeweils aktuellen Beschwerden verantwortlich ist, lässt sich so kaum sagen.

Insofern ist eine optimale Einstellung der Schilddrüsenfunktion sehr wichtig, um die Symptomatik des MCAS positiv zu beeinflussen. Bei Störungen der Umwandlung von T4 in T3 kann es trotz L-Thyroxin-Einnahme zu einem Hormonmangel kommen. Deshalb kann neben der Therapie mit L-Thyroxin (= T4) möglicherweise auch ein Arzneimittel, welches das aktive Schilddrüsenhormon T3 enthält, sinnvoll sein.

Weiterhin sind folgende Vitalstoffe für eine gute Schilddrüsenfunktion wichtig und sollten überprüft werden:

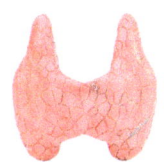

- Selen (Mangel sehr häufig!)
- Vitamin D (Mangel sehr häufig!)
- Jod
- Eisen + Ferritin

Ein guter Endokrinologe gehört an dieser Stelle unbedingt in den Kreis Ihres therapeutischen Netzwerkes.

4. Entgiftung und Leberfunktion

Die Funktion der Leber und der Histaminstoffwechsel stehen in einem engen Zusammenhang.

Die Leber ist das zentrale Organ für unseren Stoffwechsel, die Entgiftung, den Abbau von Hormonen, der Stabilisierung des Säure-Basen-Haushaltes und Speicherung wichtiger Stoffe.

Genetisch bedingt kann es zu Einschränkungen der Leberfunktion kommen, die dann über die Jahre zu einer Belastung der Leber und Entstehung chronischer Krankheiten führt. Das erste deutliche Warnsignal für eine Leberbelastung ist die Müdigkeit.

Eine eingeschränkte Leberfunktion wird über Jahre problemlos kompensiert und zeigt sich häufig erst im mittleren Alter in Form unterschiedlichster Beschwerden, die schwer einzuordnen sind.

Im Histaminstoffwechsel kann diese Einschränkung u. a. auch zu einer Einschränkung des Abbaus von Histamin führen.

Funktionsstörungen der Leber können aber auch im Bereich der Verdauung zu einer Störung der Fettverdauung (Mangel an

Gallensaft) und zu Verschiebungen der Darmflora führen, was eine Verschlechterung der Symptomatik des MCAS zu Folge haben kann. Ein wesentlicher Therapieansatz des MCAS besteht immer im Aufbau einer gesunden Darmflora und Darmschleimhaut.

Eine Einschränkung der Entgiftungsleistung der Leber führt möglicherweise auch zu einer Anhäufung von Schadstoffen und toxischen Metallen im Körper, was einen typischen Trigger eines MCAS darstellt.

Die gute Nachricht: Die Leberfunktion lässt sich ausgezeichnet unterstützen und die Regenerationskapazität der Leber ist hervorragend.

Die Therapie dieser Störungen macht sich oft schnell positiv bemerkbar und besteht in meiner Praxis aus folgenden Schritten (in dieser Reihenfolge):

1. Unterstützung der Entgiftungsleistung durch orthomolekulare Maßnahmen (häufig Infusionstherapie)
2. Unterstützung der Regeneration der Leber durch Phytotherapie
3. Aktive Entgiftung und Ausleitung von Schadstoffen (Chelat-Therapie)

Die Voraussetzung für eine wirksame Entgiftung und Ausleitung ist aber natürlich immer die Vermeidung der Aufnahme von Schadstoffen.

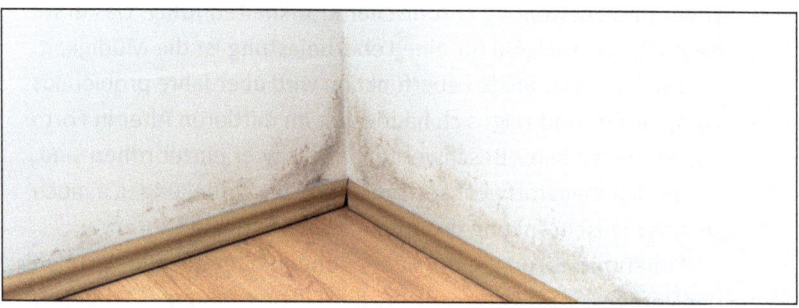

Wo finden sich Schadstoffe und Toxine im täglichen Leben?

- Ernährung (Quecksilber, Arsen, Pestizide, Insektizide, Antibiotika etc.)
- Wohnung (Schimmel, Formaldehyde in Holz und Teppichen, Weichmacher in Bodenbelägen, Lösungsmittel, Holzschutzmittel)
- Wohnlage (Verkehr, Pestizide, Chemikalien etc.)
- Hygieneprodukte (Deodorant, Pflegeprodukte, Seife)
- Textilien (Bettzeug, Kissenbezüge und Decken, Vorhänge)
- Arbeitsumfeld und Hobbys
- Haustiere

Die Entgiftungsleistung lässt sich im Labor über das Blut recht einfach bestimmen. Ein genetischer Test der Entgiftungsenzyme der Leber kann langfristig sinnvoll sein.

Aus meiner Erfahrung gibt es kaum Patienten mit einem MCAS, die keine Störung der Entgiftungsleistung aufweisen. Ob dies ursächlich ist oder Folge der Erkrankung ist bislang nicht klar.

5. Virale und bakterielle Belastungen

Mastzellen sind ein wichtiger Teil unseres Immunsystems und für die Abwehr von Viren, Bakterien und Parasiten von zentraler Bedeutung. Histamin löst Entzündungsreaktionen aus und aktiviert andere Immunzellen für die weitere Immunabwehr.

Im Falle einer akuten Abwehr von Infekten sind diese Reaktionen sehr wichtig. Ohne Mastzellen wäre unser Leben nicht vorstellbar.

Bei einem MCAS kommt es aber zu chronischen Entzündungen, die keine Funktionen in der Immunabwehr mehr erfüllen.

Diese Entzündungen, oft auch als silent inflammation bezeichnet, können im ganzen Körper auftreten und Ursache für verschiedene Beschwerden wie Schmerzen, Fatigue, Fieber oder Schwäche sein.

Chronische Entzündungen führen zu einer Schwächung des Immunsystems und in der Folge wiederum zu einer eingeschränkten Abwehr bzw. Reaktivierung von vorhandenen Viren, Bakterien und anderen Parasiten.

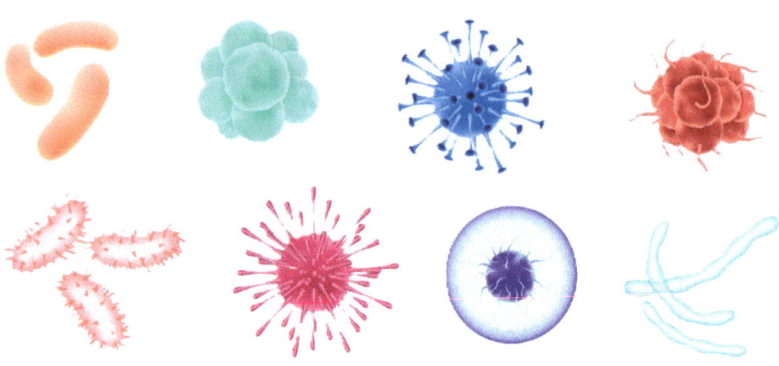

Die komplementäre Therapie des MCAS umfasst deshalb immer auch die Stärkung des Immunsystems und der Abwehr gegen diese Erreger.

In der Diagnostik werden häufig folgende Parameter bestimmt:

- Entzündungsmarker
- Immunstatus
- Viren, Bakterien und Parasiten (EBV, CMV, VZV, Borrelien etc.)

Infektionen mit EBV-Viren werden in der Komplementärmedizin heutzutage in Zusammenhang mit der Entstehung von Autoimmunerkrankungen gebracht. Es gibt Hinweise, dass es auch einen Zusammenhang zwischen EBV-Infektion und dem MCAS gibt.

Insofern ist die Untersuchung auf eine chronische oder reaktivierte EBV-Infektion immer Teil der Diagnostik in meiner Praxis.

6. Therapie der Darmflora (Mikrobiom) und der Darmschleimhaut

In der Therapie aller histaminbedingten Erkrankungen, und so auch beim MCAS, spielt der Darm eine zentrale Rolle.

Im Darm selbst wird DAO (das histaminabbauende Enzym) in erheblichem Maß produziert, um das mit der Nahrung aufgenommene Histamin abzubauen. Störungen der DAO im Darm führen zu Unverträglichkeiten bei der Aufnahme von histaminhaltigen Nahrungsmitteln und typischen Verdauungsbeschwerden.

Dieses Krankheitsbild wird als Histaminintoleranz (HIT) bezeichnet und ist nicht mit dem MCAS zu verwechseln. Allerdings gibt es zwischen beiden Erkrankungen Überschneidungen und bedingen diese sich gegenseitig.

Sind im Darm erhöhte Werte an Histamin festgestellt worden oder ist die DAO im Darm reduziert, kann ein Therapieversuch mit **DAOsin** sinnvoll sein. Dieses Medikament entspricht der DAO unseres Körpers und kann das anfallende Histamin im Darm abbauen helfen.

Um das Histamin im Darm zu binden und ausscheiden zu können, werden oft **Zeolith** bzw. **Klinoptilolith** erfolgreich eingesetzt. Das sind natürliche Mineralien vulkanischen Ursprungs, welche effektiv Histamin und andere Schadstoffe im Darm binden, die damit ihre Wirksamkeit verlieren und ausgeschieden werden.

Ein kranker Darm ist ein wesentlicher Trigger bei der Auslösung von Beschwerden bei einem MCAS.

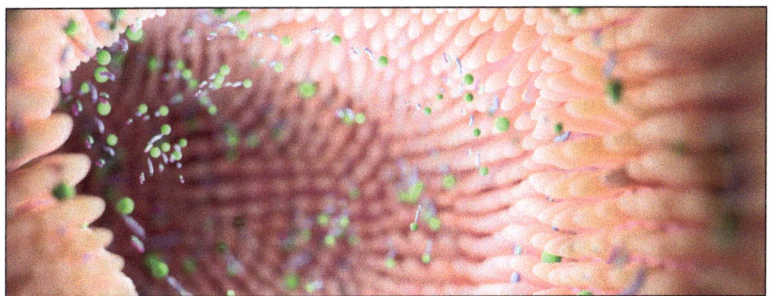

Eine defekte Schleimhautbarriere, Entzündungen der Darmschleimhaut oder Überwucherungen mit schädlichen Darmkeimen (SIBO) führen zu zunehmenden Störungen des Histaminhaushaltes im Darm.

Ein Überschuss an Histamin im Darm kann wiederum Störungen der Darmflora (Dysbiose) und der Darmschleimhaut (leaky gut, Entzündungen) verursachen.

Diesen Teufelskreis gilt es mit einem individuellen Darmaufbau und einer gezielten Ernährungstherapie zu unterbrechen.

In meiner Praxis führe ich grundsätzlich eine Stuhldiagnostik durch, da je nach Zustand der Darmflora und der Darmschleimhaut unterschiedliche Therapieansätze notwendig sein können.

In einer solchen Diagnostik können wir Folgendes sehen:

- Zustand der Darmflora (gesunde und schädliche Darmflora)
- Vorhandensein histaminbildender Darmkeime
- Entzündungen der Darmschleimhaut
- Schädigung der Schleimhautbarriere (leaky gut)
- Vorhandensein von Histamin und DAO im Darm

Ziel der Therapie sind der Aufbau einer gesunden Darmflora und Reduktion evtl. vorhandener schädlicher Darmkeime, die Wiederherstellung einer intakten Schleimhautbarriere und die Beseitigung möglicher Entzündungen.

Die Verbesserung der Verdauungsleistungen ist ebenfalls zentral für die Wiederherstellung einer gesunden Darmschleimhaut.

Gelingt es, diese genannten Schritte umzusetzen, ist ein wichtiger Trigger des MCAS beseitigt und können die häufig vielfachen Einschränkungen in der Ernährung reduziert werden.

Wichtig und der erste Schritt ist aber immer das Weglassen von störenden Einflüssen:

- Stress
- Fehlernährung
- Alkohol
- Antibiotika

Probiotika-Therapie

Bei der Auswahl einer probiotischen Therapie ist bei einem MCAS zwingend darauf zu achten, dass nur Bakterienstämme verwendet werden, die nicht selbst Histamin bilden. Die meisten im Handel erhältlichen Probiotika enthalten Histaminbildner.

Histaminbildende Bakterienstämmen sind:

- Lactobacillus acidophilus
- Lactobacillus bulgaricus
- Lactobacillus casei
- Lactobacillus fermentum
- Lactobacillus helveticus
- Lactococcus lactis
- Enterococcus faecalis
- Enterococcus faecium
- Escherichia coli
- Streptococcus thermophilus

Im Gegensatz dazu gibt es auch histaminsenkende Bakterienstämme:

- Bifidobacterium infantis
- Bifidobacterium longum
- Lactobacillus gasseri
- Lactobacillus rhamnosus
- Lactobacillus salivarius

Folgende Präparate haben sich beim MCAS zum Aufbau der Darmflora in meiner Praxis bewährt:

- FürstenMED Bifidoflor HIT
- FürstenMED Bifidoflor HIT + FI
- Madena HistaEx Synbio
- NatuGena HistaBakt
- HistaBalance Die Bakterien sensitiv
- Histamed probio

7. Mikroimmuntherapie

Mastzellen sind Teil unseres Immunsystems und das Histamin ist ein wichtiger immunologischer Botenstoff, der häufig bereits ganz am Anfang einer immunologischen Abwehrreaktion unseres Körpers steht.

Histamin sorgt dafür, dass andere Immunzellen aktiviert werden, und steuert bzw. koordiniert deren Aktivität. Histamin führt außerdem zu Entzündungsreaktionen, als erste Abwehrreaktion unseres Immunsystems.

Diese Entzündungsreaktionen beim Mastzellaktivierungssyndrom (MCAS) sind nicht mehr Teil einer sinnvollen Abwehrreaktion und erfüllen keine Funktion im Rahmen der Immunabwehr.

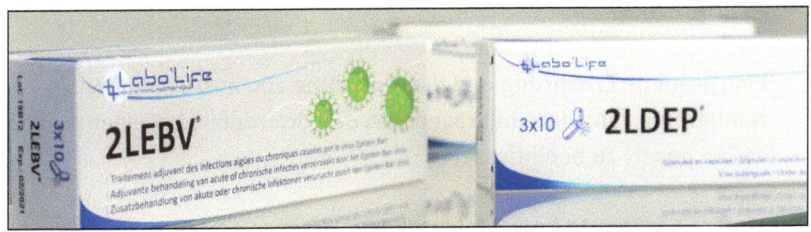

Allerdings führen diese chronischen Entzündungen aufgrund der dauerhaft erhöhten Histaminspiegel zu Folgeschäden in den betroffenen Geweben und Organen.

Insofern ist eine Immuntherapie, die darauf ausgerichtet ist, eine angemessene Immunreaktion wiederherzustellen, ein wichtiger Teil der Therapie.

Die Mikroimmuntherapie ist eine sehr innovative und sanfte Methode der Immuntherapie. Sie arbeitet mit den gleichen Immunbotenstoffen (Zytokinen), die auch im Körper wirksam sind und in Dosen, die eine vorsichtige Immunregulation bewirken. Viele Studien haben die Wirksamkeit der Mikroimmuntherapie gezeigt.

Mit der Mikroimmuntherapie können folgende therapeutische Ziele verfolgt werden:

- Reduktion der Entzündungsreaktion und damit Stärkung der Immunabwehr
- Therapie chronischer/reaktivierter Infekte (Epstein-Barr-Viren, Zytomegalie-Viren, Varizella-Zoster-Vieren, Borrelien etc.)
- Reduktion allergischer Prozesse

8. Ernährung

Eine gesunde Ernährung und die Aufnahme von ausreichenden Nährstoffen kann dazu beitragen, das Beschwerdebild bei einem MCAS positiv zu beeinflussen.

Unsere Ernährung kann viele positive Effekte vereinen:

- Unterstützung der Darmgesundheit
- Reduktion von Entzündungen
- Verbessertes Wohlbefinden
- Gute Immunabwehr

Wichtig für das Verständnis, welche Ernährungsformen einen positiven Einfluss auf das Krankheitsgeschehen haben können, ist die Unterscheidung von Histaminabbaustörungen (HIT) und Erkrankungen, die mit einer Überproduktion an Histamin (MCAS) einhergehen.

Ebenso wichtig ist die Unterscheidung, ob die Störung in erster Linie den Darm betrifft oder ob es sich vorwiegend um eine systemische Erkrankung handelt, wie es beim MCAS der Fall ist.

Störungen im Histaminstoffwechsel im Darm können unabhängig von der Ursache gut durch eine vorübergehende histaminarme Diät, der oben beschriebenen Therapie des Darmes und evtl. zeitweisen Einnahme von DAO-Ersatzpräparaten behandelt und oft auch beseitigt werden.

Allergisch bedingte Histaminosen werden ebenfalls ursächlich über eine Behandlung des Darmes, wie oben beschrieben, therapiert.

Die Vermeidung möglicher allergieauslösender Nahrungsmittel (oft Kreuzallergien) ist ein erster Schritt, um die Beschwerden zu minimieren. Eine zeitliche Therapie mit Antihistaminika ist möglich.

Bei **systemischen Histaminosen** wie dem MCAS halte ich die häufig ausgesprochene Empfehlung zu einer streng histaminarmen Ernährung nicht für zweckmäßig.

Kurzzeitig kann es hilfreich sein, den Konsum histaminhaltiger Nahrungsmittel einzuschränken, um die Beschwerden zu lindern. Eine solche „Diät" ist aber häufig unausgewogen und schadet eher Ihrer Darmgesundheit, als das sie nützt.

Bei einem reinen MCAS, das nicht mit Störungen des Histaminabbaus im Darm einhergeht, sehe ich bei meinen Patienten selten Vorteile durch eine histaminarme Ernährung.

Oft sind es konkrete, einzelne Nahrungsmittel, von denen Betroffene berichten, dass diese ihre Beschwerden verstärken. Allerdings gibt es oft auch Rückmeldungen, dass selbst stark histaminhaltige Nahrungsmittel problemlos vertragen werden.

Schaut man sich die unterschiedlichen Wurzeln der jeweiligen Histaminosen an, ist dies auch verständlich.

Wenn keine Störungen des Histaminstoffwechsels im Darm erkennbar sind, kann unser Darm das anfallende Histamin aus der Nahrung meist auch gut abbauen.

Trotzdem ist hier Vorsicht geboten, da es bei unerkannten Dysbalancen zu einem zusätzlichen Übertritt von Histamin aus der Nahrung vom Darm ins Blut kommt und zusätzliche Beschwerden hervorrufen kann.

Wichtig bei einem MCAS sind weniger die histaminhaltigen Nahrungsmittel, sondern oft vielmehr die sogenannten Histaminliberatoren. Das sind Nahrungsmittel, die selbst nicht zwangsläufig viel Histamin enthalten, allerdings eine Ausschüttung von Histamin aus den Mastzellen provozieren können. Dieses Histamin ist dann nicht im Darm, sondern zirkuliert im ganzen Körper und kann typische MCAS-Beschwerden auslösen oder verstärken.

Meine grundsätzlichen Empfehlungen bzgl. der Ernährung lauten:

- Alles essen, was Sie vertragen bzw. keine Beschwerden auslöst
- Ein Übermaß an histaminhaltigen Nahrungsmitteln dennoch vermeiden
- Histaminhaltige Nahrungsmittel, die Beschwerden auslösen oder verstärken, erkennen und vermeiden (hier kann ein Tagebuch vorübergehend sehr nützlich sein; gezielte Provokationen sind erlaubt)
- Individuelle Histaminliberatoren erkennen und vermeiden (Tagebuch)
- Regionaler und saisonaler Ernährung den Vorrang geben und nur essen, was auch verderben kann.
- Darmgesundheit hat Vorrang
- Trinken! Wasser ist das beste Antihistaminikum und sollte reichlich und regelmäßig getrunken werden.

Die Ernährung ist ein ausgesprochen wichtiger Teil von Lebensqualität und Einschränkungen sollten nur dann vorgenommen werden, wenn es tatsächlich gesundheitliche Vorteile gibt.

Eliminationsdiäten von ein bis maximal zwei Monaten können trotzdem sinnvoll sein. Insbesondere für glutenhaltige Nahrungsmittel und Milchprodukte empfehle ich ein solches Vorgehen, um durch gezieltes, längerfristiges Weglassen mögliche gesundheitliche Vorteile erkennen zu können.

Gibt es eine Verbesserung im Befinden, ist eine weitere Einschränkung unbedingt zu empfehlen. Gibt es diese Verbesserung nicht, und kommt es auch nicht zur Verschlechterung bei der Wiederaufnahme dieser Nahrungsmittel, können diese wieder in die Ernährung integriert werden.

Dieses Vorgehen ist auch auf andere Nahrungsmittel nach individueller Absprache übertragbar.

Fertigprodukte, Fast Food, Alkohol und Zucker sollten Sie grundsätzlich aus dem Ernährungsplan streichen.

Mögliche Nahrungsmittelunverträglichkeiten, die eine immunologische Reaktion im Darm auslösen können, lassen sich auch im Blut bestimmen. Allerdings sind Verdauungsstörungen häufig der eigentliche Auslöser dieser Unverträglichkeiten und sollten als solche erkannt und therapiert werden.

Bei zusätzlichen Störungen des Darmes (Reizdarm, SIBO, chronisch entzündliche Erkrankungen etc.) empfehle ich Ihnen eine gezielte und individuelle Ernährungsberatung. Hier können entsprechende Diäten (z. B. FODMAP-arme Diäten) durchaus sinnvoll sein.

Eine Übersicht zu den histaminhaltigen Lebensmitteln und den Histaminliberatoren finden Sie im Anhang (7.1 und 7.2.).

9. Psychologische Unterstützung und Stressbewältigung

Patienten mit einem MCAS erleben in der Schulmedizin häufig, dass ihre Beschwerden nicht ernst genommen und sie nicht verstanden werden. Notwendige Untersuchungen werden nicht durchgeführt, sei es aus Unkenntnis über die Zusammenhänge dieser Erkrankung oder aus budgetären Gründen.

Fast alle Patienten erleben, während der Ärzteodyssee zu Beginn ihrer Erkrankung, dass sie als psychisch krank, schwierig oder neurotisch abgestempelt werden. Überweisungen zu Psychotherapeuten sind häufig die einzigen Empfehlungen, die die Betroffenen mit nach Hause nehmen.

In dieser Situation ist es sowohl für die Betroffenen als auch für die Therapeuten wichtig zu unterscheiden, was die primäre Ursache der Erkrankung ist.

Eine derart schwere Erkrankung und mangelhafte medizinische Unterstützung hinterlassen bei jedem Betroffenen seelische Spuren, so wie dies bei anderen schweren Erkrankungen auch der Fall ist.

Ein dadurch erkennbares „auffälliges" Verhalten mit großer Ungeduld, Ängsten, hoher Frustration und Empfindsamkeit sind die logische Folge. Es ist aber nicht die Ursache der Erkrankung.

Die Therapie des MCAS zielt deshalb immer zuerst auf die Verbesserung der körperlichen Symptome ab.

Aus zwei Gründen ist eine psychologische Unterstützung dennoch sehr wichtig:

Die Verarbeitung von derart massiven Veränderungen und Einschränkungen in der Lebensführung, der Lebensqualität und der weiteren Lebensplanung ist allein meist schwierig oder sogar unmöglich. Eine psychologische Unterstützung kann hier sehr unterstützend und entlastend wirken.

Einer der stärksten Trigger für ein MCAS ist der Stress. Betroffene berichten häufig von „selbst gemachtem" innerem Stress, dem schwer zu entfliehen ist. Aber auch die Erkrankung selbst stellt einen massiven Stressfaktor dar, der allein kaum zu bewältigen ist. Ohne Reduktion dieses Stresses ist eine Besserung der Symptome schwer machbar.

Die psychologische Unterstützung kann auf mehreren Ebenen stattfinden und verschiedene Ziele verfolgen. Welche Möglichkeiten für Sie am sinnvollsten oder hilfreichsten sein können, besprechen Sie am besten mit Ihrem Therapeuten.

Hier eine Auswahl sinnvoller Maßnahmen für eine seelische Unterstützung:

- Klassische Psychotherapie
- Hypnosetherapie
- Meditation
- Brain-Retraining
- Yoga
- Gesunder Schlaf
- Selbstfürsorge jeder Art (Hobbys, Sport, Kochen, Massage etc.)

In meiner Praxis messe ich häufig die Fähigkeit der Stressregulation anhand einer HRV-Analyse. Diese liefert eine sehr gute Information darüber, ob eine Dysbalance im vegetativen System vorliegt und inwieweit der Vagusnerv („Anti-Stress-Nerv") zur Regulation fähig ist.

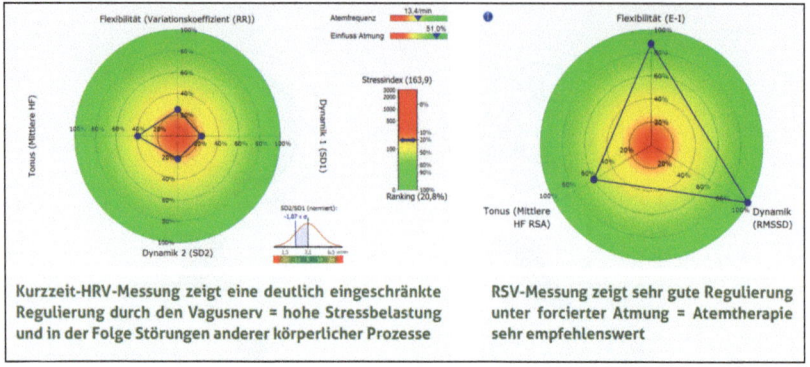

Kurzzeit-HRV-Messung zeigt eine deutlich eingeschränkte Regulierung durch den Vagusnerv = hohe Stressbelastung und in der Folge Störungen anderer körperlicher Prozesse

RSV-Messung zeigt sehr gute Regulierung unter forcierter Atmung = Atemtherapie sehr empfehlenswert

Das effektivste Training, um den Vagusnerv zu stärken, ist die Atmung. Gezielte Atemübungen sind eine sehr einfache und effiziente Methode des Stressabbaus und Stresstrainings.

10. Besondere Lebensumstände

Schwangerschaft

Das Vorhandensein eines MCAS ist nicht unweigerlich ein Ausschlusskriterium für eine Schwangerschaft. Allerdings bestehen erhöhte Risiken aufgrund der hohen Histaminspiegel, die engmaschig unter ärztlicher Kontrolle beobachtet und behandelt werden müssen.

Es gibt allerdings auch die Fälle, wo Frauen unter einer Schwangerschaft eine komplette Remission des MCAS erlebt haben oder denen es zumindest für den Zeitraum der Schwangerschaft deutlich besser ging.

Wichtig für die richtige Einordnung ist, zu verstehen, dass Histamin, Östrogen und Progesteron sich gegenseitig enorm beeinflussen.

Das macht sich schon während des Zyklus bemerkbar, da erhöhte Östrogenspiegel auch mit einer Erhöhung des Histamins und entsprechenden Beschwerden selbst bei gesunden Frauen einhergehen.

Als Gegenspieler ist das Progesteron, das weibliche „Wohlfühlhormon", in der Lage, die Mastzellen zu stabilisieren und den Histaminspiegel zu senken.

Die Behandlung von Histaminintoleranz und MCAS während der Schwangerschaft ist besonders wichtig. Ein hoher Histaminspiegel kann die morgendliche Übelkeit verschlimmern und das Risiko einer Präeklampsie, einer spontanen Fehlgeburt und vorzeitiger Wehen erhöhen. Eine natürliche Senkung des Histaminspiegels kann Ihre Schwangerschaft erheblich verbessern und Ihr Risiko für Beschwerden und Komplikationen verringern.

Während der Histaminspiegel im ersten Trimester am höchsten ist, setzt der Anstieg der DAO-Enzyme erst im zweiten Trimester richtig ein, was auch das Abklingen der Symptome erklärt.

Im ersten Schritt ist es sinnvoll, dafür zu sorgen, dass die körpereigene Produktion der histaminabbauenden Enzyme DAO und HNMT so gut wie möglich unterstützt wird und alle Kofaktoren in ausreichendem Maß vorhanden sind.

Gemeinsam mit Ihrer Gynäkologin sollten die Hormonwerte für Östrogen und Progesteron überwacht und bei Bedarf eine Therapie mit bioidentischem Progesteron erwogen werden.

Während der gesamten Schwangerschaft, insbesondere aber in den ersten drei Monaten, ist es wichtig, alle Trigger einer Mastzellaktivierung so weit wie möglich zu vermeiden und so wenig wie möglich Histamin aufzunehmen.

Die Einnahme von Medikamenten sollte auf ein Minimum reduziert werden, ohne allerdings erhöhte Histaminspiegel zu provozieren.

Ein MCAS ist kein zwingender Grund, eine Schwangerschaft zu vermeiden. Es ist aber wichtig, die Risiken und mögliche Komplikationen zu kennen und sich damit auseinanderzusetzen.

Anstehende Operationen oder andere Eingriffe unter Narkose sind für Patienten mit einem MCAS oft mit Unsicherheiten und Ängsten verbunden.

Tatsächlich ist eine Narkose, aber auch die Operation selbst, bei Patienten mit einem MCAS mit erhöhten Risiken verbunden. Deshalb müssen vor der Operation bzw. Narkose Maßnahmen getroffen werden, diese Risiken zu minimieren oder besser zu eliminieren.

Entscheidend ist immer im ersten Schritt die Information aller an der Operation Beteiligten, insbesondere der Anästhesisten und ein gutes Management vor, während und nach der OP.

Bereits am Vortag kann es hilfreich sein für eine Stressreduktion und einen guten Schlaf zu sorgen und z. B. ein leicht sedierendes Antihistaminikum einzunehmen.

Vor Anästhesiebeginn (ca. 30 Minuten) werden häufig H1- und H2-Antihistaminika zusammen mit Glukokortikoiden intravenös appliziert. (z. B. Dimetidin 4 mg + Cimetidin 200-400 mg + Solu-Decortin H 250 mg).

Clemastin als Injektionslösung sollte nicht im Rahmen der OP-Vorbereitung als H1-Antihistaminikum eingesetzt werden, da dieses Ethanol enthält.

Bei einer MCAS-bedingten erhöhten Blutungsneigung eignet sich z. B. Tranexamsäure 1000 mg.

Im Rahmen der OP-Abläufe sollte für eine stressfreie Organisation der Operation gesorgt, sowie unnötige Temperaturschwankungen, starke Geruchsbelastungen und Lärm vermieden werden. Das alles muss vom OP-Team vorbereitet und die Kommunikation an alle Beteiligten muss sichergestellt werden.

Die für die Narkose verwendeten Medikamente müssen auf die Verträglichkeit überprüft werden. Es gibt bei allen Medikamentengruppen, die während einer OP zum Einsatz kommen, Medikamente mit geringerem und mit höherem Risiko für eine Mastzellaktivierung.

Notfallmedikamente sollten jederzeit und in allen Phasen des Operationsablaufes griffbereit sein.

Medikamentengruppe.	Geringes Risiko	Hohes Risiko
Benzodiazepine	Diazepam, Midazolam, Flunitrazepam u. a.	
Analgetika	Alfentanil, Fentanyl, Sufentanil, Paracetamol, Remifentanil, Naloxon	Morphin, Codein, Pethidin, Tramadol NSAID, Metamizol
Hypnotika	Propofol Etomidat Ketamin	Thiopental, Phenobarbital
Muskelrelaxantien	Cistracuronium Pancuronium Vecuronium	Atracuronium, Mivacuronium, Suxamethonium, Succinylcholin, Rocuronium
Lokalanästhetika	Ropivacain, Mepivacain Bupivacain, Prilocain	Lidocain Procain Tetracain
Volatile Anästhetika	Enfluran, Isofluran Sevoflura, Desfluran	
Anticholinergika		Atropin
Plasmaexpander		Gelatine, Hydroxyethylstärke
Röntgenkontrastmittel		Jodhaltige Kontrastmittel

Quelle: https://www.mastozytose-histamin.de/für-betroffene/
narkosen-und-operationen/

Sollten Sie beim Zahnarzt eine Lokalanästhesie benötigen, sollten Sie die Auswahl der Medikamente entsprechend dieser Liste mit Ihrem Zahnarzt besprechen.

Nach einem Zahneingriff müssen evtl. die Dosierungen Ihrer Medikamente angepasst werden, um die Schmerzen adäquat zu reduzieren.

Ist die Gabe eines Antibiotikums notwendig, ist das Mittel der Wahl Roxythromycin. Andere, häufig verordnete Antibiotika wie Ciprofloxacin, Cefuroxim oder Vancomycin haben ein erhöhtes Risiko für eine Mastzellaktivierung und sollten vermieden werden.

Impfungen

Auf Grund der Corona-Pandemie ist das Thema Impfungen bei einem MCAS, aber auch bei anderen Erkrankungen, sehr stark in den Fokus meiner täglichen Beratungen in der Praxis gerückt.

Es gibt keine pauschalen Empfehlungen, die ich Ihnen hier anbieten kann, noch kann Ihnen die Entscheidung abgenommen werden. Wichtig ist eine sehr individuelle Abwägung des Für und Wider, der Vorteile und möglichen Risiken, der Konsequenzen, die Ihre Entscheidung mit sich bringt.

Eine Impfung bedeutet stets eine Aktivierung des Immunsystems, die wir mit all den in diesem Patientenratgeber beschriebenen Therapien vermeiden wollen. Diese Aktivierung kann, je nach Impfstoff, mit erheblichen Nebenwirkungen oder dauerhaften Verschlechterung Ihrer Beschwerden verbunden sein.

Insofern ist immer abzuwägen, ob andere Strategien der Vermeidung einer Infektion möglich sind (zeitweise Quarantäne), welche Konsequenzen eine Infektion haben kann, welche therapeutischen Optionen es zur Behandlung dieser Infektion gibt und wie hoch die Wahrscheinlichkeit einer Infektion ist.

Da alle Impfungen neben dem eigentlichen Impfstoff viele verschiedene Zusatzstoffe enthalten, ist der Effekt bei einem MCAS kaum vorherzusagen.

Hilfreich kann es sein, wenn Sie in der Vergangenheit bereits Impfungen erhalten haben und die Reaktion Ihres Körpers darauf kennen. Möglicherweise können Sie aber auch auf Informationen von anderen Betroffenen zurückgreifen und von deren Erfahrungen profitieren.

Empfehlungen von welcher Seite auch immer, dass Sie gerade als MCAS-Patient zum eigenen Schutz alle Impfungen erhalten sollten, empfehle ich zu ignorieren.

Insbesondere Impfungen mit einem Lebendimpfstoff (Gelbfieber, Windpocken, Röteln, Masern, Mumps, Typhus) oder auch Mehrfachimpfstoffe (Masern, Röteln, Mumps) können ein MCAS massiv triggern und sollte das Risiko-Nutzen-Verhältnis sehr genau abgewogen werden.

Reisen

Die Tatsache, dass Sie an einem MCAS leiden, muss nicht zwangsläufig bedeuten, dass Sie Reisen gänzlich meiden sollten. Eine gute Vorbereitung ist allerdings ausgesprochen wichtig, um eine Verschlechterung Ihrer Beschwerden zu vermeiden oder darauf vorbereitet zu sein.

Flugreisen sind für viele Patienten eine besondere Herausforderung, da die Bedingungen an Bord ausgesprochen ungünstig sind. Sowohl die oft niedrigen Temperaturen an Bord, die trockene Luft und der Mangel an Sauerstoff können eine Aktivierung der Mastzellen provozieren.

Eine gute Vorbereitung Ihrer Reise kann folgende Punkte umfassen:
* Was für Anforderungen (Kühlschrank, Reinigungsmittel, Frühstück etc.) haben Sie an die Unterkunft? Rufen Sie das Hotel vor der Buchung an und fragen Sie konkret nach.
* Gibt es für den Fall der Fälle ein Krankenhaus in der Nähe? Es kann sinnvoll sein, einen Arztbrief Ihres behandelnden Arztes mitzuführen, damit eine schnelle und adäquate Behandlung sichergestellt ist.
* Existieren ausreichend Einkaufsmöglichkeiten (Supermärkte) in der Nähe?
* Gibt es eine gute Auswahl an geeigneten Restaurants vor Ort?
* Welche Medikamente benötigen Sie bei einem Flug im Handgepäck im Falle einer Verschlechterung?

- Wer an Bord sollte informiert sein über Ihre Erkrankung? Die Crews sind für solche Fälle ausgebildet und können Ihnen im Notfall helfen.
- Nehmen Sie für den Flug ausreichend Essen und Trinken mit.
- Falls Sie am Flughafen Hilfe benötigen, rufen Sie vorher an und bitten Sie um Unterstützung.
- Evtl. ist ein ärztliches Attest sinnvoll, dass Sie reisetauglich sind, um zu vermeiden, dass die Bordcrew die Mitnahme verweigert. Ebenso kann es sinnvoll sein, eine ärztliche Bescheinigung mitzuführen, die Ihnen bescheinigt, dass Ihre Medikamente ärztlich verordnet sind.
- Wer in Ihrem persönlichen Umfeld ist informiert, wo Sie sich befinden, und wen können Sie bei Bedarf kontaktieren?
- Benötigen Sie eine Reisekranken- oder eventuell eine Reiserücktrittsversicherung?
- Welche Medikation benötigen Sie evtl. zusätzlich vor Reiseantritt und unterwegs? Eine Dosisanpassung ist in vielen Fällen notwendig.
- Was benötigen Sie zwingend im Handgepäck für den Fall, Ihr Koffer geht verloren?

Bei Reisen mit dem Auto ist es hilfreich, auf längeren Strecken häufige Pausen einzuplanen. Während der Fahrt zu lesen (als Beifahrer natürlich), kann auch bei Gesunden zur histaminbedingten Übelkeit führen.

Informieren Sie sich über die Verkehrslage bereits vor Antritt der Fahrt und während der Pausen, um mögliche Staus zu vermeiden oder ausreichend vorbereitet zu sein.

Auch vor der Fahrt mit dem Auto oder der Bahn kann eine Anpassung Ihrer Medikation sinnvoll sein.

Bei der Fahrt mit dem Zug ist es besser, vorab einen Sitz zu reservieren, damit Sie in Fahrtrichtung sitzen können. Rückwärtsfahren ist häufig ein Trigger.

Sport

Körperliche Betätigung ist für den Erhalt Ihrer Gesundheit und Ihr Wohlbefinden außerordentlich wichtig. Zum einen hilft es, Knochen und Muskeln gesund zu erhalten, zum anderen ist es für die psychische Stabilität sehr wichtig.

Der Grat zwischen hilfreicher sportlicher Betätigung und körperlicher Anstrengung, die zu einer Verschlechterung Ihres Befindens führt, ist bei Patienten mit einem MCAS oft sehr schmal.

Es ist wichtig, zu lernen, rechtzeitig die Signale des Körpers wahrzunehmen und zu spüren, wenn die Belastungsgrenze erreicht ist. Dann sind eine sofortige Pause und die Beendigung des Trainings ausgesprochen wichtig, um einen Crash zu vermeiden, der oft mit einer länger anhaltenden Verschlechterung einhergeht.

Das ist insbesondere in jüngeren Jahren oft schwierig und der Wunsch, sportliche Leistungen zu bringen und die eigenen Grenzen auszutesten ist ganz natürlich. Der Preis dafür ist leider oft zu hoch.

Insofern sind Wettkampfsportarten wie Fußball, Volleyball oder Basketball weniger geeignet, ebenso wie alle Sportarten, die mit starken Erschütterungen einhergehen (Joggen, Squash, Reiten, Tennis).

Sinnvoll ist auf jeden Fall ein angepasstes Training im Fitnessstudio, Rehatraining oder Schwimmen und Radfahren.

Erwarten Sie nicht zu viel von sich selbst, setzen Sie sich nicht unter Druck und beenden Sie das Training, sobald Sie geringfügige Verschlechterungen spüren.

Eine professionelle Anleitung kann am Anfang sehr hilfreich sein, insbesondere wenn die eigene Wahrnehmung noch nicht gut trainiert ist.

7. Anhang

Wie bereits im Kapitel „Ernährung bei MCAS" ausführlich besprochen, geht es beim MCAS nicht vorrangig darum, die Ernährung streng histaminarm auszurichten.

Dies kann vorübergehend notwendig sein, um am Beginn einer Behandlung eine Symptomverschlechterung zu vermeiden. Für diesen Zweck und zur einfacheren Orientierung habe ich Ihnen deshalb die Liste mit den wichtigsten histaminhaltigen Nahrungsmitteln angefügt.

Für Patienten mit einem MCAS ist es vielmehr wichtig, herauszufinden, welche Nahrungsmittel mögliche individuelle Histaminliberatoren darstellen und welche Medikamente eine Rolle bei der Mastzellaktivierung bzw. beim Histaminabbau spielen. Diese stellen Trigger der Erkrankung dar und sind unbedingt zu vermeiden. Auch dafür finden Sie im Folgenden eine Übersicht.

1. Histaminhaltige Nahrungsmittel

Histamin ist in fast allen Nahrungsmitteln mehr oder weniger enthalten. Individuell kann es bei einem MCAS bei Aufnahme ganz spezifischer, oft histaminreicher Nahrungsmittel, zu einer deutlichen Verschlechterung der Symptome kommen.

Histamin ist in größeren Mengen vor allem in Nahrungsmitteln enthalten, die zur Herstellung lange gereift sind, gegärt oder fermentiert wurden.

Es entsteht ebenso, wenn Nahrungsmittel lange Zeit aufbewahrt werden (industriell hergestellte Nahrung), sowie in Nahrungsmitteln, die frisch zubereitet und zu einem späteren Zeitpunkt verspeist werden (aufgewärmte Nahrungsreste).

Daraus ergeben sich die wichtigsten Gruppen histaminreicher Nahrungsmittel:

- Fleisch (insbesondere wenn abgehangen oder geräuchert)
- Fisch und Meeresfrüchte (wenn nicht fangfrisch oder tiefgekühlt)
- Käse (insbesondere nach langer Lagerung)
- Alkohol (Wein, Bier, Sekt, Champagner etc.)
- Essig und essigsauer eingelegte Nahrungsmittel
- Sauerkraut, eingelegte Gurken
- Sojasoße, Worcestersoße, Senf, Tomatenketchup
- Aubergine, Avocado
- Industriell hergestellte Nahrungsmittel

Auch biogene Amine benötigen als Abbauenzym die Diaminoxidase (DAO). Die Aufnahme von Nahrungsmitteln, die reich an biogenen Aminen sind, kann auch zu Beschwerden führen, da in diesen Fällen die Menge an DAO nicht mehr ausreichend zur Verfügung steht.
Reich an biogenen Aminen sind v. a.:

- Früchte (Orangen, Papaya, Kiwi, Bananen, Ananas, Grapefruit, Himbeeren)
- Hülsenfrüchte

Vielleicht fragen Sie sich gerade, was Sie denn dann überhaupt noch essen können. Die Grundregel ist: frisch, frisch, frisch!

- Viel frisches Gemüse (außer o. g.)
- Frisches Obst (außer o. g.)
- Frisches Fleisch
- Frischer Fisch (Fangfrisch oder tiefgefroren und schnell aufgetaut)
- Frischmilchprodukte
- Kartoffeln, Reis, Mais, alle Getreidearten
- Pflanzliche und tierische Öle und Fette
- Honig, Konfitüren, Agavendicksaft

2. Histaminliberatoren

Diese Gruppe von Nahrungsmitteln ist dadurch gekennzeichnet, dass deren Verzehr zu einer Aktivierung der Mastzellen und Freisetzung von Histamin in die Blutbahn führt.

Welche dieser Nahrungsmittel tatsächlich zu einer Verschlechterung der Beschwerden führen, ist sehr individuell und sollte dringend erkannt werden.

Typische Histaminliberatoren sind:

- Erdbeeren
- Schokolade und Kakao
- Nüsse (v. a. Walnüsse und Cashewkerne)
- Meeresfrüchte
- Tomaten (nebst Saft, Ketchup, Püree)
- Zitrusfrüchte
- Viele sogenannte E-Stoffe (Zusatzstoffe)

3. Medikamente, die Mastzellen aktivieren oder die DAO hemmen

In der folgenden Liste sind nur einige, häufig verordnete Medikamente aufgelistet.

Besonders erwähnenswert ist, dass auch das H2-Antihistaminikum „Cimetidin" die DAO hemmen und deshalb für die Behandlung des MCAS möglicherweise nicht geeignet sein kann.

Ebenso können Füll-, Hilfs-, Farb- und Konservierungsstoffe der Medikamente zu einer Verschlimmerung der Beschwerden führen.

Liste möglicher unverträglicher Medikamente:

- Narkosemittel
- Röntgenkontrastmittel
- Lokalanästhetika (Prilocain, Procain)
- Chemotherapeutika (Sulfasalazin, Chloroquin, Resochin)
- Schmerzmittel (Novalgin, Buscopan, Aspirin, Morphium)
- Antirheumatika (Diclofenac, Voltaren)
- Calciumantagonisten (Verapamil)
- Schleimlöser (ACC akut, Mucosolvan, Pulmovent)
- Betablocker
- Antidepressiva (Amitryptillin, Saroten)
- Antikonvulsiva (Carbamazepin)
- Antibiotikum (Ciprofloxacin, Levofloxacin, Rifampicin, Rifaximin)
- Psychopharmaka (Promethazin, Haldol, Diazepam)

Da eine vollständige Liste der o. g. Nahrungsmittel und Medikamente den Rahmen dieses Buches sprengen würde, verweise ich gern auf die Website und Listen der schweizerischen Interessengemeinschaft Histamin-Intoleranz (SIGHI):

- **Website:** www.histaminintoleranz.ch
- **Merkblatt Histaminarme Ernährung:** https://www.histaminintoleranz.ch/downloads/SIGHI-Merkblatt_histaminarmeErnaehrung.pdf
- **Lebensmittel-Verträglichkeitsliste:** https://www.mastzellaktivierung.info/downloads/foodlist/11_FoodList_DE_alphabetisch_mitKat.pdf
- **SIGHI-Medikamentenführer:** https://www.mastzellaktivierung.info/de/therapie_medikamente.html#medikamentenfuehrer

4. Labore für die Diagnostik von Histaminosen

Blut und Urindiagnostik

- IMD – Institut für Medizinische Diagnostik Berlin-Potsdam GbR
  Nicolaistraße 2
  12247 Berlin
  www.imd-berlin.de
- Ganz-Immun Diagnostics AG
  Hans-Böckler-Straße 109-111
  55128 Mainz
  www.ganzimmun.de
- Lab4more GmbH
  Augustenstraße 10
  80333 München
  www.lab4more.de

Stuhldiagnostik

- Labor Rosler GmbH
  Am Weißen Haus 10
  97772 Wildflecken
  www.labor-rosler.de
- Institut für Mikroökologie
  Auf den Lüppen 8
  35745 Herborn
  www.ifm-herborn.de

Biopsien bei Verdacht auf Mastozytose

- Pathologie des Universitätsklinikums Erlangen
  Krankenhausstraße 8-10
  91054 Erlangen
  www. pathologie.uk-erlangen.de

5. Listen von spezialisierten Therapeuten

- https://www.mastzellenhilfe.de/adressen-aerzte-mcas
- https://www.mastozytose.de/mcas/kliniken-aerzte-mcas

6. Selbsthilfegruppen und Online-Gruppen

Facebook
- Histaminintoleranz/MCAS Mastzellen/ME-CFS-Fatigue/FMS
  Fibromyalgie
  www.facebook.com/groups/455520426675799
- Histaminintoleranz
  www.facebook.com/groups/SJH.Histaminintoleranz
- Mast Cells United
  www.facebook.com/MastCellsUnited

Selbsthilfe
- www.mcas-hope.de
- www.mastzellenhilfe.de
- www.mastzellaktivierung.info
- www.hit-mcas-selbsthilfe.de
- www.mastozytose.de
- www.mastozytose-info.de

7. Hilfreiche Apps

- Histamin, Fructose & Co.
- Histamin, Fructose: InTolerApp
- whatsin my meds
- MCAS und Mastozytose

8. Literaturverzeichnis

- Kaufmann, Kyra und Sascha: Der Histamin Irrtum – Weg von Radikaldiäten und Verbotslisten – die Formel für ein gesundes Leben mit Histamin. VAK Verlag Kirchzarten bei Freiburg 2021
- Molderings, Gerhard J., Mücke, Martin: Die systemische Mastzellerkrankung: MCAS und SM: Symptome einordnen, die Diagnose finden und die besten Therapien nutzen. Die wichtigsten Fragen und Antworten. Trias Verlag 2023
- Afrin, Lawrence B: Never bet against occam. Mast Cell Activation Disease and the Modern Epidemics of Chronic Illness and Medical Complexity. Sister Media Bethesda 2016
- Walker, Amber: Mast Cells United – A Holistic Approach to Mast Cell Activation Syndrome. Kindle Direct Publishing 2019
- Lamprecht, Heinz: Mastzellenfreundliche und histaminarme Küche: Diätanleitung und Rezeptsammlung der schweizerischen Interessengemeinschaft Histamin-Intoleranz (SIGHI). 2022
- Grametzki, Jeannette, Aschebrenner, Katja: MCAS – die verborgene Krankheit – Mastzellaktivierungssyndrom. Symptome erkennen, behandeln, damit leben. Umgang mit Mastzellaktivierungssyndrom und ... Erfahrungsberichte und Tipps für den Alltag. Goldegg Verlag 2022
- Chen, Nina: MCAS – Mastzell-Aktivierungs-Syndrom: Die überaktive Mastzelle beruhigen. Das praktische Mutmach-Buch einer Betroffenen. Trias Verlag 2023

Alle oben genannten Bücher kann ich Ihnen wärmstens zur Lektüre ans Herz legen. Lawrence B. Afrin, Prof. Martin Mücke und Prof. Gerhard Molderings sind ausgewiesene ärztliche Experten auf dem Gebiet des MCAS, Kyra Kaufmann eine erfahrene und hervorragende Praktikerin rund um Störungen des Histaminstoffwechsels und Amber Walker eine MCAS-Betroffene und Expertin, die einen umfassenden Einblick in das Thema gibt. Alle Bücher sind auch für den Laien gut verständlich geschrieben.

Das Mastzellaktivierungssyndrom gilt in der Schulmedizin als eine seltene Erkrankung und ist deshalb bei vielen Haus- und Fachärzten nicht bekannt.

Da es keine offizielle Abrechnungsnummer (ICD-10-GM) und keine einheitlichen Diagnosekriterien für diese Erkrankung gibt, werden Patienten häufig ohne Diagnose und Therapie alleingelassen und führt die Betreuung der Patienten durch engagierte Ärzte und Therapeuten nicht selten zu Abrechnungsproblemen mit den Krankenkassen.

Die beiden neuen Krankheitsbilder Long-Covid- und Post-Vac-Syndrom rücken aktuell das Mastzellaktivierungssyndrom stärker in den Fokus unserer therapeutischen Arbeit, da fast alle Patienten mit diesen Krankheitsbildern eine mehr oder weniger ausgeprägte Mastzellaktivierung zeigen.

Eine erfolgreiche Therapie des Mastzellaktivierungssyndroms ist insofern auch Basis für die Therapie des Long-Covid- und Post-Vac-Syndroms.

Dauerhaft erhöhte Histaminspiegel führen aber auch zu weiteren Beschwerden und Krankheitsbildern (Bluthochdruck, Angst- und Panikstörungen, Neurodermitis, Migräne, Sodbrennen etc.) und sollten dringend abgeklärt werden.

Wie es Ihnen gelingen kann, wieder ins Gleichgewicht zu finden, Ihre Selbstheilungskräfte zu aktivieren und die Voraussetzungen für Ihre Heilung zu schaffen, wird in diesem Buch ausführlich erläutert.

Die Erfahrungen aus der langjährigen Praxis eines erfahrenen Heilpraktikers werden leicht verständlich und nachvollziehbar für jeden Betroffenen dargestellt.

Der Autor

Udo Berg ist seit vielen Jahren als Heilpraktiker in eigener Praxis in Berlin tätig. Er ist auf das Gebiet der Immunologie spezialisiert. Mit inzwischen fast vierzig Jahren in der Medizin verfügt er über ein weites Spektrum an Wissen und Erfahrung in vielen medizinischen Bereichen.

Sein therapeutisches Hauptaugenmerk liegt auf den Themen Biologische Krebsmedizin, Autoimmunerkrankungen, Entgiftungsstörungen sowie Allergien und Histaminosen.

Der Verlag

*Wer aufhört
besser zu werden,
hat aufgehört
gut zu sein!*

Basierend auf diesem Motto ist es dem novum Verlag
ein Anliegen, neue Manuskripte aufzuspüren, zu ver-
öffentlichen und deren Autoren langfristig zu fördern.
Mittlerweile gilt der 1997 gegründete und mehrfach
prämierte Verlag als Spezialist für Neuautoren in
Deutschland, Österreich und der Schweiz.

**Für jedes neue Manuskript wird innerhalb we-
niger Wochen eine kostenfreie, unverbindliche
Lektorats-Prüfung erstellt.**

Weitere Informationen zum Verlag und
seinen Büchern finden Sie im Internet unter:

w w w . n o v u m v e r l a g . c o m